LAURENT GESLIN

THÉO TZÉLÉPOGLOU

L'ÉDITO

DE **JULIEN PERROT**, FONDATEUR DE LA SALAMANDRE

Les beaux retours

« Dans ses yeux, il y a un diamant qui brille, une passion, presque une tendresse pour *ses* oiseaux. Julia Wildi est la coordinatrice du programme de réintroduction du gypaète barbu pour le Valais. Posté avec elle au pied d'une paroi rocheuse imposante, j'espère depuis un long moment le passage du grand oiseau. Avec nous, caméramen et preneur de son s'impatientent, car nous tournons ce jour-là l'un des nouveaux épisodes de la série télévisée *Nos amis sauvages* à découvrir bientôt *(> p. 61)*.

Et soudain, contre toute attente, l'immense planeur tournoie majestueusement au-dessus de nous. Une vision saisissante, impensable il y a quelques décennies. En réalité, les réintroductions sont des défis de longue haleine. Un grand coup de chapeau aux femmes et aux hommes qui s'engagent dans de tels projets.

Bien sûr, les conditions requises pour que les réintroduits survivent et prospèrent doivent être remplies. Est-ce toujours le cas ? Rares sont les lâchers qui ne suscitent pas de vifs débats. Et puis, ramener un être vivant là où il ne vit plus, c'est toujours compliqué, ça coûte cher. C'est au fond la dernière chance, la carte joker dans le jeu des protecteurs de la biodiversité.

Quoi qu'il en soit, nous avons besoin de bonnes nouvelles. Voilà pourquoi ce dossier *Option réintroduction* !

COULISSES DE LA RÉDAC

JEAN-PHILIPPE PAUL

Dans la vallée de la Loue où je vis, la rainette verte était considérée comme disparue depuis deux ans. Quand le 1er août, cette survivante est apparue sur ma baie vitrée, mes yeux ont brillé. Ce petit *miracle* m'a inspiré le sujet sur la réintroduction de l'amphibien en Wallonie *(> p. 44-45)*. Depuis, je rêve qu'une telle initiative voit le jour par ici.

Jean-Philippe Paul
Rédacteur en chef et auteur du dossier *Option réintroduction*

« Entrez, c'est tout vert ! »

L'agglomération de Châlons-en-Champagne a organisé un concours du meilleur jardin biodiversité. Et la Salamandre faisait partie du jury !

PAR **JEAN-PHILIPPE PAUL** jean-philippe@salamandre.org

« L'idée est née en 2022, pendant mon stage en alternance portant sur l'Atlas de la biodiversité communale », se souvient Victoria Chanzy, aujourd'hui chargée de mission à Châlons Agglo. Alors qu'elle travaillait sur l'état des connaissances naturalistes sur le territoire des 46 communes, l'étudiante s'est intéressée à l'enjeu grandissant de la nature en ville, ainsi qu'aux programmes de sciences participatives tels que *Oiseaux des jardins* ou *Sauvages de ma rue*. *« Je me suis dit que les habitants devaient être acteurs de la biodiversité. »* Pour aller à leur rencontre, Victoria Chanzy et ses collègues imaginent alors un concours du *meilleur jardin biodiversité*.

> « Les habitants doivent être acteurs de la biodiversité. »

Jardins accueillants

En 2024, le projet devient une réalité et l'appel est lancé. *« Nous avons reçu 48 réponses, ce qui était une bonne surprise pour une première édition ! »*, reconnaît la coordinatrice de l'opération. Les prétendants sont répartis sur le territoire de la communauté d'agglomération, aussi bien en ville que dans les communes périphériques, avec des contextes paysagers ou socio-économiques variés. La première sélection s'est faite sur la base du questionnaire rendu lors des candidatures. L'usage de pesticides et des tontes trop fréquentes sont alors des éléments jugés rédhibitoires. À ce stade, 14 jardins sont retenus.

Vient alors le temps des visites de terrain, organisées les 20 et 21 juin. Le jury était composé de cinq personnes*. Autour d'une grille de critères avec de nombreuses cases à cocher, les *inspecteurs d'un jour* sont alors appelés à scruter les recoins des pelouses et des potagers en écoutant attentivement les candidats, tantôt fiers, tantôt intimidés de faire visiter leur jardin secret. *« L'accueil des habitants a été très chaleureux. J'ai été frappée par leur envie de bien faire et leur humilité »*, souligne la cheffe d'orchestre du concours.

Il faut dire qu'entre le petit carré de pelouse encerclé de thuyas et le grand terrain de plus de 1 ha, les chemins vers plus de nature sont bien différents. Actifs, retraités, néophytes ou experts de longue date, il a fallu départager des profils très divers. *« Parmi mes coups de cœur, il y avait ce jeune couple, guère plus âgé que moi et auquel je me suis identifiée. À peine arrivés dans leur lotissement, ils ont tout de suite sensibilisé*

Un jardin de Saint-Memmie (51) *(> à gauche)* figurant parmi les trois grands gagnants du concours. Ci-dessus, un rougequeue noir – oiseau habitué des jardins – avec sa proie, un insecte capturé en marge du potager.

leurs voisins en ne tondant pas systématiquement la haie donnant sur la rue ou en épargnant les orchidées sauvages – des ophrys abeilles – qui poussaient dans leur gazon », confie Victoria Chanzy. Elle ajoute que les trentenaires n'ont pas résisté à présenter au jury les images de fouine et hérisson captées par le piège photo posé juste devant leur baie vitrée.

La vie, grande gagnante

Certains jardins visités cochent toutes les cases ou presque. On y trouve une mare, un potager magnifique, des pierres sèches, des nichoirs, des herbes folles à foison, une connaissance naturaliste précise et une philosophie de vie en harmonie... le tout en plein quartier urbain. *« Le regard des voisins en contexte citadin est un véritable obstacle à franchir »*, reconnaît la chargée de mission. En définitive, trois catégories sont retenues pour encourager l'ensemble des 14 candidats dans leur démarche : *grands gagnants (3 lauréats), en chemin (10)* et *espoir (1)*. Cette dernière catégorie récompense une crèche, dont les efforts pour le vivant doivent composer avec la sécurité des enfants et la réglementation.

Les prix décernés lors de la foire de Châlons, le 7 septembre dernier, susciteront peut-être des vocations de jardiniers nature. *« Pour ma part, je suis motivée pour qu'il y ait une édition 2025 qui puisse profiter de la dynamique lancée cette année »*, espère Victoria Chanzy. Et quand on lui demande si elle va elle-même concourir ? *« Je n'ai pas de jardin, juste un balcon ! »* Sa réponse pointe une réalité : tout le monde n'a pas la chance d'habiter un carré de verdure. Alors, à quand la catégorie *balcon* ?

* Jury composé de Guillaume Widiez, de l'Office français de la biodiversité *(> Aller plus loin)*, Pascal Lefort, élu local, Jean-Philippe Paul, de la *Revue Salamandre*, Sabine Badie et Victoria Chanzy, salariées de Châlons Agglo.

Aller plus loin

ABC Dé...finition

Un Atlas de la biodiversité communale (ABC) permet à une commune, ou une intercommunalité, de connaître, préserver et valoriser son patrimoine naturel. Chaque année, l'Office français de la biodiversité soutient de nombreux projets.

L'ABC implique l'ensemble des acteurs d'une commune (élus, citoyens, associations, entreprises, etc.) en faveur de la préservation du patrimoine naturel. Cet inventaire permet de cartographier les enjeux de biodiversité à l'échelle du territoire et d'établir un plan d'actions pluriannuel pour préserver la biodiversité.

En cas de plan d'urbanisme, de contournement routier ou de projet touristique par exemple, une collectivité munie d'un tel atlas est mieux à même de tenir compte de la nature dans ses aménagements. Inventaires, cartographies, rapports et plans d'actions doivent être rendus publics.

Les **ABC en chiffres** (octobre 2023) :
- **491** projets
- **3 578** communes
- **14 partenaires** administratifs, associatifs, etc.

> ofb.gouv.fr/abc

JEAN-PHILIPPE PAUL

L'argiope frelon profite d'une végétation laissée libre au jardin jusqu'à l'automne pour tendre des pièges à ses proies à six pattes.

▸ Agir pour la nature au jardin
Découvrez 50 aménagements pour les animaux et les plantes autour de chez soi dans notre guide Salamandre.
D. Melbeck et S. Leparoux, 204 p.

▸ Agir pour la nature, terrasses et balcons
À paraître, printemps 2025

YAD / STOCK.ADOBE.COM

ET ÇA MARCHE

Ne pas tuer sauve la vie

Depuis quatre ans, la France, le Portugal et l'Espagne imposent un moratoire sur la chasse à la tourterelle des bois. Des millions d'oiseaux ont ainsi été épargnés en Europe de l'Ouest, engendrant une hausse des effectifs nicheurs de 25 %. Cette tendance n'a pas lieu en Europe de l'Est, où les prélèvements continuent. L'arrêt des tirs est un levier efficace, tout comme la restauration de l'habitat et le développement de haies agricoles. Un arrêté suspend de nouveau la chasse de ce columbidé sur l'ensemble du territoire métropolitain jusqu'au 30 juillet 2025.

> bit.ly/moratoiretourterelle

GABORT / STOCK.ADOBE.COM

COUP DE POUCE

Qui s'y frotte s'y tique

Développé par l'Institut national de la recherche agronomique de Nancy, le programme de science participative CiTIQUE vise à mieux comprendre l'écologie des tiques et les maladies qu'elles transmettent, dont la maladie de Lyme. Il est possible d'y contribuer en récupérant la ou les tiques trouvées sur vos vêtements ou sur votre peau et de les envoyer par la Poste. Ces données permettront de comprendre ce qui favorise la présence de ces parasites, l'identité de leurs cibles ou encore les agents pathogènes qu'ils peuvent transmettre. À ce jour, le programme a permis d'identifier que 30 % des morsures ont lieu dans les jardins.

> bit.ly/CiTIQUE

COUP DE GRIFFE

Menace invisible

Impossible de nier le problème des déchets devant une poubelle pleine. Ou celui de la surconsommation de viande à la vue d'abattoirs. Qui peut ignorer la question de l'eau en période de sécheresse ? Mais pour la cause climatique, les experts et les vulgarisateurs peinent encore à transmettre leur message d'urgence. On parle de *tonnes d'équivalent* CO_2. Mais qui a déjà vu du CO_2 ? Et comment se représenter 1t de gaz issue d'un voyage, d'un repas carné ou d'une heure de consultation de vidéos sur Internet ? À l'heure des sceptiques, on doit tout expliquer, et expliquer encore. Mais l'horloge tourne...

YANN LE BRIS

JASON / STOCK.ADOBE.COM

ÇA BOUGE !

Enjeux olympiques

Les régions Auvergne-Rhône-Alpes et Provence-Alpes-Côte d'Azur recevront les JO d'hiver de 2030. L'ONG Mountain Wilderness alerte sur les dangers de cet événement. Elle pointe les constructions d'infrastructures qui imperméabiliseront les sols, mais aussi l'utilisation de neige artificielle avec une eau captée dans des retenues collinaires décriées. Face à une décision prise avec une concertation territoriale jugée insuffisante, le collectif demande la mise en place d'une consultation publique. Une initiative qui a fonctionné au Canada et en Espagne, pays qui ont renoncé à candidater faute d'adhésion populaire.

> bit.ly/JOhiver2030

LE CHIFFRE

86 %

C'est le pourcentage de Français qui estiment que leur quotidien et leur avenir dépendent de la biodiversité, selon un sondage pour l'Office français de la biodiversité.

> bit.ly/sondageofb

NOUVELLE VOIX

Rachel Haderle
Doctorante à l'Institut de systématique, évolution, biodiversité, à la station marine de Dinard (35)

« Passionnée par la biologie marine, j'ai étudié l'écologie du grand dauphin en Guadeloupe durant mes stages de master. Cela m'a donné envie de continuer à en apprendre sur les mammifères marins, et plus particulièrement sur leur génétique. Un domaine qui m'intéresse particulièrement.

Je suis actuellement en première année de thèse. J'échantillonne de l'eau de mer et je recherche des **traces d'ADN que laissent les organismes** dans leur environnement. En séquençant ce matériel génétique, j'essaye d'identifier les espèces présentes dans ces milieux grâce à des bases de données qui font office d'encyclopédies.

Cette technique a de l'avenir, car elle est **non invasive pour les animaux,** comparée à d'autres méthodes traditionnelles qui recourent aux biopsies par exemple. Par ailleurs, ce procédé révèle parfois la présence d'une espèce non connue dans le secteur. Pour tenter de l'identifier, on peut rapprocher son séquençage de celui d'une espèce proche référencée ailleurs dans le monde et en déduire un **lien de parenté**.

Parole à la jeunesse qui s'engage avec conviction pour la connaissance et la protection du vivant, durant ses études, ses activités bénévoles ou au travail.

• Transmettez-nous vos témoignages à : redaction@salamandre.org

EN 10 LIGNES

CHIRURGIE DE FOURMI Blessure au fémur ? Il faut amputer. Bobo au tibia ? Nettoyer la plaie suffira. Les fourmis charpentières de Floride sont capables de diagnostiquer la gravité d'une blessure chez leurs congénères et le type de soins à prodiguer, a découvert une équipe de recherche suisse et allemande. Current Biology **NÉPOTISME POISSONNIER** Chez la princesse du lac Tanganyika, un poisson africain, il faut *tout un village* pour élever les enfants. Les membres du groupe se montrant flemmards sur les tâches domestiques, tel le soin aux larves, sont réprimandés par les dominants… Mais ces derniers sont plus indulgents envers ceux qui leur sont apparentés. iScience **POLLINISATION SANS CONTACT** En vol, les papillons emmagasinent de l'électricité statique. Durant le butinage, leur abdomen peut attirer alors une centaine de grains de pollen à 6 mm de distance. Journal of the Royal Society Interface **ÇA TOURNE MAL** La fonte des glaces polaires modifie l'axe et la vitesse de rotation de la Terre, la durée du jour et même la dynamique du noyau terrestre. L'influence climatique surpasse désormais la Lune sur ces paramètres. Nature Geoscience **INDÉPENDANTES** En Italie, des femelles requins-lévriers se sont reproduites en l'absence de mâles. Ce premier cas observé de parthénogenèse chez cette espèce est porteur d'espoir pour son salut. Elle est menacée par la pêche illégale en Méditerranée et dans d'autres mers chaudes. Nature

2 OCTOBRE

À la hâte

Durant vos balades à vélo, en trottinette ou à pied, prêtez attention aux mini-piétons qui traversent la chaussée. En ce moment, après leur bain de soleil, les chenilles du bombyx de la ronce recherchent frénétiquement un abri pour passer l'hiver. Grandes et velues, elles ne passent pas inaperçues et s'observent du littoral à 1500 m d'altitude. Si vous approchez, ces créatures légèrement urticantes s'enroulent sur elles-mêmes.

GAËTAN DU CHATENET

14 NOVEMBRE

À la course

Vous préférez la montagne l'automne venu, quand les sentiers sont désertés ? Ça tombe bien, le rut du chamois est lancé ! Shooté d'hormones, un mâle peut débouler sans prêter attention à votre présence, occupé à évincer ses rivaux. Si vous incarnez la discrétion, vous pourriez même assister aux postures d'intimidation ritualisées entre concurrents, aux courses-poursuites spectaculaires sur les pentes escarpées ou aux tentatives d'approche des femelles, langue tirée, nasaux ouverts et poils hérissés.

ANDREA AMBROGIO

19 NOVEMBRE

De pied ferme

Aux portes des premières gelées, trop tard pour cueillir les fruits de l'automne ? *Que nenni*, vous pouvez encore rencontrer des retardataires comme le pied-bleu. Ce champignon trapu aux nuances bleu-lilas pousse souvent en groupe, disposé en cercle ou en ligne. Son pied est solidement attaché au mycélium sur les sols riches des jardins, sous-bois et composts.

SYLVAIN LEPAROUX

CHRISTOPHE PERELLE / BIOSPHOTO

PROPOS RECUEILLIS PAR **CAMILLE BELSOEUR** camille@salamandre.org

Pourquoi les chauves-souris se suspendent la tête en bas ?

▪ **LA RÉPONSE DE**
Aline Wuillemin
Chiroptérologue au Centre de coordination ouest pour l'étude et la protection des chauves-souris, à Genève.

▪ Pour exploiter des surfaces qui ne sont pas utilisées par d'autres animaux. Cela leur permet d'avoir accès à des gîtes spacieux, et puis elles sont relativement à l'abri des prédateurs. Les espaces dégagés où elles s'abritent sont aussi de super tremplins d'envol. S'envoler en se laissant tomber est bien moins énergivore que de décoller à partir du sol.

Est-ce que toutes les espèces s'accrochent par les pieds au plafond d'une grotte ?

▪ Non. Mais une chose est sûre : en Europe, toutes les chauves-souris se reposent la tête en bas. Les rhinolophes adoptent par exemple la position typique de l'image qu'on se fait d'une chauve-souris. Les individus se suspendent par les pieds et s'enroulent dans leurs ailes dans un endroit libéré de tout obstacle. Même leurs petits ont la tête à l'envers : ils se tiennent à de fausses mamelles au niveau de l'aine de leur mère. En revanche, d'autres espèces

Un grand rhinolophe suspendu dans une cavité. Des gouttes formées par condensation sont visibles sur ses ailes.

de chauves-souris ne s'accrochent pas par les pieds au plafond. Les pipistrelles se glissent dans des endroits plus restreints, confinés. Selon l'angle de la fissure, elles vont être plus ou moins à la verticale, mais toujours la tête vers le bas.

Le sang ne leur monte pas à la tête ?

▪ Non. Les chauves-souris ont un cœur proportionnellement trois fois plus gros que celui des autres mammifères terrestres. Le système de pompage est donc beaucoup plus efficient pour éviter la stagnation. Elles ont aussi des valves qui font comme des petits paliers pour contrecarrer l'accumulation sanguine.

Quel est leur secret pour rester accrochées des heures durant ?

▪ C'est vraiment une évolution spécifique qui leur permet cette particularité. Au niveau de la patte, les **chiroptères*** ont un tendon qui s'active dès que l'individu se suspend. La chauve-souris reste accrochée sans aucun effort. C'est purement mécanique et cela ne nécessite aucune contraction musculaire. Il est même possible de trouver des chauves-souris mortes, mais encore accrochées à leur support. Pour pouvoir repartir, ces mammifères volants mettent une impulsion de vol pour prendre de la hauteur et relâcher la pression sur la patte, ce qui déverrouille le tendon.

***Chiroptères** *nom m.*

Appelés couramment *chauves-souris*, les chiroptères sont un ordre de mammifères qui regroupe plus de 40 espèces en Europe. Parmi les mammifères du continent, il s'agit de l'ordre le plus diversifié après les rongeurs. Les chauves-souris possèdent toutes des membranes alaires tendues entre les doigts de la main. Seul le pouce est libre.

Galle du Diplolepis rosae.

Métaphore

Barbe de Saint-Pierre, *éponge d'églantier*, *galle chevelue* ou *tumeur de l'églantier* : les surnoms donnés à l'excroissance provoquée par le cynips du rosier sont nombreux. Le terme *bédégar* est quant à lui issu de l'arabo-persan *bàdàward* et signifie « souffle de rose ». Comme le bédégar ne s'envole pas avec le vent, cette appellation poétique évoquerait la nature insaisissable des galles qui apparaissent comme soufflées par le rosier…

La barbe de l'églantier

Qui a façonné les bédégars, ces curieuses structures agrippées aux rosiers sauvages ? Visite guidée au fil de la haie.

DESSINS ET NOTES **ANDREA AMBROGIO** TEXTES **CATHY ROGGEN**
redaction@salamandre.org

La nature est en feu. L'automne déploie ses couleurs chaudes, dans une palette qui s'étend du jaune réconfortant au rouge écarlate, en passant par les tons terreux du marron. Le tableau est véritablement grandiose. Dans la haie émergent de petites boules hirsutes, pelotes chevelues accrochées délicatement aux rameaux des églantiers. Bien que présentes depuis le printemps, ces excroissances sont longtemps restées invisibles pour la grande majorité des promeneurs en marche vers la forêt. D'abord vertes, elles se fondaient dans le feuillage, échappant ainsi aux regards. Puis, à la fin de la saison chaude, les *barbes de Saint-Pierre* – l'un de leurs nombreux surnoms – ont subi une métamorphose spectaculaire, virant au rouge ardent. »

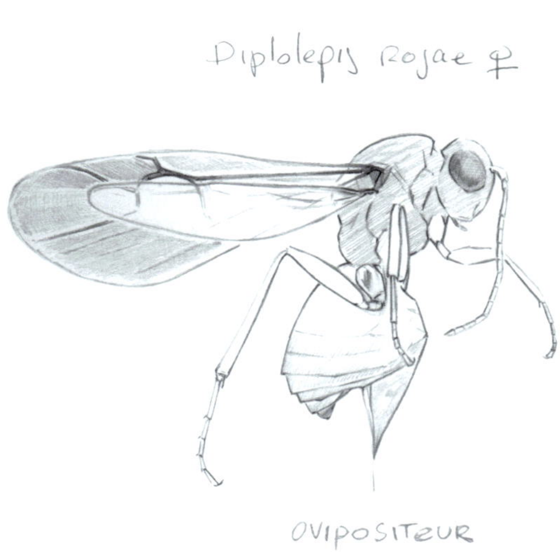

Entre filles

Chez les cynips du rosier, les mâles ne sont pas légion. Plus de 95 % des membres de la communauté des *Diplolepis rosae* sont femelles. Pire : les garçons leur sont presque inutiles. En effet, les femelles n'ont pas besoin de s'accoupler pour se reproduire ! Elles ont la capacité d'engendrer des descendances exclusivement féminines et génétiquement identiques, sans fécondation.

››› Encouragée par la baisse des températures et le raccourcissement des jours, cette transformation est due à la dégradation de la chlorophylle, couplée à une production accrue de caroténoïdes et d'anthocyanes. Ce phénomène chimique naturel met en lumière, au sens propre comme au sens figuré, ces créations fascinantes de la nature. Mais que sont réellement ces bizarreries, que le jargon botanique se plaît à nommer *bédégars*? Que cachent ces perruques excentriques, qui font penser aux petits coussins sur lesquels nos grands-mères épinglaient leurs aiguilles à coudre? Lors de mes randonnées accompagnées, j'éprouve un plaisir particulier à lever le voile sur ces mystérieuses excroissances. Raconter les bédégars au fil de la haie, face au rosier sauvage, c'est inviter à la découverte d'un monde insoupçonné et fascinant, où chaque détail révèle une complexité biologique extraordinaire. Explorer leur formation et leur fonction dans l'écosystème offre une perspective enrichissante sur la dynamique de la nature et ses mécanismes d'adaptation. Sans parler de l'émerveillement que la beauté de ces figures suscite!

Ces structures, que l'on retrouve aussi au jardin sur des rosiers horticoles, ne sont pas de simples anomalies végétales. Ces pompons sont en fait la manifestation d'une galle, c'est-à-dire une réaction des plantes à l'invasion de certains insectes. En lisant les résumés des nombreuses publications que leur a dédiées le monde scientifique, on apprend que tout commence avec le cynips du rosier, une minuscule guêpe qui vient pondre ses œufs au printemps dans les tissus végétaux du rosier sauvage. *Diplolepis rosae*, pour les intimes, provoque une prolifération désordonnée des cellules de l'arbuste épineux. Le bédégar est alors un moyen pour l'églantier de confiner son agresseur!

Les larves de l'insecte parasite se développent à l'intérieur de cette galle, dans de petites loges sécurisées. Au sein de ces entrailles protectrices, la plante fournit de manière impromptue le gîte et le couvert à son hôte, jusqu'à l'hiver. Les larves de l'hyménoptère squatteur se nourrissent des tissus végétaux qui tapissent les chambres. Ces tissus, riches en sève glucosée et hautement nutritive, se renouvellent au fur et à mesure de la consommation. ›››

La grosse tête

De l'ordre des hyménoptères, comme les abeilles, les guêpes ou les fourmis, le cynips du rosier est un minuscule insecte qui ne mesure pas plus de 5 mm de long à l'âge adulte. De couleur brune, son abdomen se termine par une tarière noirâtre, à l'aide de laquelle la femelle dépose ses œufs dans le rosier. Cette miniguêpe est dotée de pattes jaune rougeâtre et d'une tête volumineuse, proportionnellement au corps, flanquée de deux longues antennes.

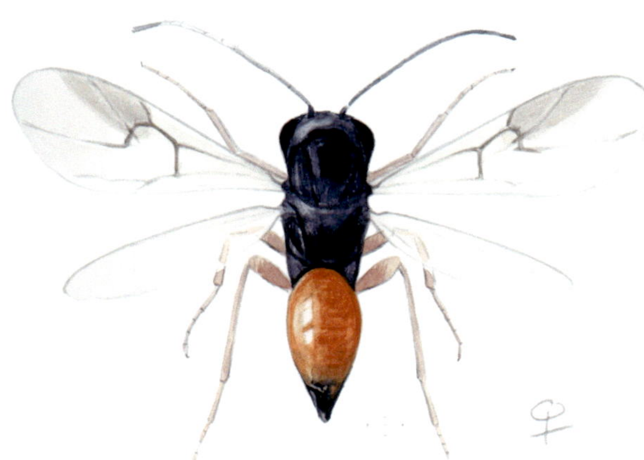

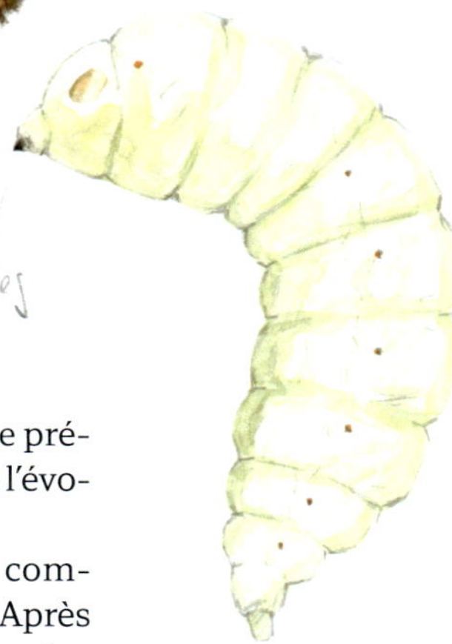

››› Rassurez-vous, ni la présence de la galle ni le prélèvement d'une partie de la sève ne perturbent l'évolution de l'églantier.
Fin octobre, les larves, bien grassouillettes, commencent à hiverner au chaud dans leur logette. Après une ultime métamorphose, elles éclosent au printemps, saison où le cycle recommence. Les imagos – adultes – vivent deux à trois semaines, le temps de pondre les œufs dans les bourgeons et de provoquer à nouveau la pagaille dans les cellules du rosier sauvage. On connaît la suite.
À la saison froide, lorsque les arbustes de la haie ont perdu leurs feuilles, ces tumeurs sont encore plus visibles. J'aime à observer leur silhouette en forme de boule défraîchie se détachant sur les rameaux nus. De tailles variables, les plus grosses enveloppes peuvent atteindre jusqu'à 10 cm de diamètre et sont assez dures au toucher. Cette sorte d'écorce, qui fonce à la saison froide et perd son attrait fantasque, fait office de bouclier de protection pour les larves du cynips du rosier. Mais dans leur pouponnière blindée, les bébés insectes ne sont pas à l'abri de tous les assauts. Les larves de *Diplolepis rosae* sont en effet elles-mêmes parasitées par de nombreuses autres espèces de guêpes. De telles attaques, parfois massives, peuvent provoquer un carnage éliminant jusqu'à trois quarts des larves du cynips ! Il n'est donc pas surprenant, lorsqu'on dissèque une galle, de trouver à l'intérieur un insecte différent du cynips – comme *Torymus bedeguaris*, la bien nommée *guêpe coucou* – dont la larve a consommé celle du cynips. Ambiance poupée russe donc…
À chaque exploration des bédégars, je propose à mes complices de balade une expérience quelque peu déroutante. Cela commence par une incise longitudinale réalisée au couteau sur une galle choisie au hasard. De nombreuses loges de cynips se dévoilent généralement, occupées par des larves qui gigotent. Puis, j'invite les plus curieux et les plus courageux à la dégustation : sous la dent, la créature comestible libère alors un léger goût de noisette. Une saveur qui n'échappe sans doute pas aux fourmis et aux oiseaux qui se régalent volontiers des locataires du rosier sauvage. ■

Une encre naturelle

Les bédégars ont longtemps été utilisés pour la fabrication d'encre naturelle noire. On commençait par récolter les galles, les sécher et les broyer en poudre fine. Celle-ci était ensuite mélangée avec de l'eau et d'autres agents, comme du fer et de l'acide tannique. Particulièrement résistante à la décoloration, l'encre de bédégar était très prisée pour les documents officiels et les écrits importants.

Usages populaires

Porté en amulette autour du cou pour prévenir les maux de dents et la coqueluche, le bédégar était jadis glissé dans les couches des enfants qui souffraient de coliques. Utilisé en médecine populaire contre certains troubles de l'appareil digestif, on lui prêtait aussi des vertus sédatives. Le bédégar renfermant beaucoup de tanins, il était également utilisé en lotion pour cicatriser les plaies et soulager les inflammations, en bain de bouche contre les aphtes ou les saignements de gencives.

Aller plus loin

Mille et une guêpes
Découvrez ou replongez dans notre dossier consacré au monde incroyable des guêpes.
> bit.ly/1001guepes

Plongeur impressionniste

Peuplant lacs et rivières, le fascinant cincle offre au spectateur discret des scènes de vie animées. Immergeons-nous dans son écrin de couleur.

PAR THÉO TZÉLÉPOGLOU theo@salamandre.org

Théo Tzélépoglou
theo-tz.com

Originaire du sud de la France, Théo est écologue et journaliste scientifique à la Salamandre. Passionné par la photo depuis ses études d'écologie, il publie dans la presse et a réalisé une exposition naturaliste sur les lumières de la région Occitanie.

« L'automne est la saison phare pour ralentir. Les jours raccourcissent et la nature se pare d'une palette de couleurs inspirante. C'est dans ce tableau que je viens de passer deux jours sur les traces de la discrète faune des Pyrénées. Dans le silence des cimes, j'ai tenté de m'imprégner de la poésie de cette période qui rend précieux chaque rare signe de vie sauvage.

Avant de rentrer fouler l'asphalte monochrome de la ville, je décide de m'offrir une dernière balade méditative au bord d'un lac ariégeois. En passant devant une petite cascade, je m'interroge sur l'éventuelle présence du cincle plongeur. Une fois arrivé au lac, je balaie les alentours d'un coup de jumelles et effectivement, en voilà un ! Je l'observe aller et venir depuis les berges jusqu'à une zone peu profonde. J'attends alors qu'il quitte les lieux et je me dirige vers son port d'attache, espérant son retour. Le temps d'enfiler ma tenue de camouflage sous le regard amusé de certains promeneurs, je me calfeutre rapidement derrière des fougères, les pieds au ras de l'eau. Tant pis pour la balade, l'affût fera office de reconnexion à l'instant présent.

Au bout de quelques minutes, j'aperçois la boule de plumes revenir et se poser sur un rocher en face de moi. J'en profite pour faire quelques photos à travers la végétation afin d'habiller le passereau de son environnement automnal. Je ne le quitte pas des yeux tandis qu'il plonge pour pêcher quelques larves d'invertébrés et autres insectes aquatiques, remontant parfois sur son perchoir minéral. Cette espèce est habituellement nerveuse et méfiante, »

Frontière entre l'automne et l'hiver

Le lac aux eaux bleu-vert

Un plastron blanc et une silhouette rondelette

Longueurs d'ondes

En rencontrant l'eau, la lumière se décompose. Presque toutes les couleurs du spectre lumineux sont absorbées sauf le bleu qui se reflète à nos yeux. Chaque lac et rivière est composé de minéraux et d'organismes vivants différents, ce qui leur donne une palette unique de couleurs. En prévision de l'hiver, les protéines et la chlorophylle contenues dans les feuilles des arbres caduques sont recyclées pour récupérer de précieux éléments nutritifs. Le démantèlement de la chlorophylle verte révèle alors tous les autres pigments jaunes, oranges et rouges, qui se reflètent dans l'eau.

››› je suis étonné par le calme de cet individu qui semble s'accorder au diapason de la saison. Quelques regards de temps à autre dans ma direction semblent ponctuer sa routine sauvage, mais rien qui ne paraît troubler son quotidien. Celui qu'on appelle parfois le *merle d'eau*, en rapport à son chant, m'offre même quelques notes entre deux repas. Je profite du temps précieux que permet sa tolérance pour essayer une approche plus artistique. Je ne cherche pas à réaliser des images très épurées et monochromes, bien que cela soit esthétique. Quelques années sous les tropiques m'ont appris à apprécier composer avec le spectacle des couleurs. Je décide de diminuer mon temps d'obturation pour gagner en luminosité et capter les ondulations de l'eau dues au courant. Mais cette petite boule trapue est très vive, et l'immortaliser demande normalement une haute vitesse de déclenchement afin d'obtenir une photo nette. Dans la hâte, je n'ai pas pris mon trépied, normalement indispensable pour réaliser ce genre d'image. J'essaie alors de retenir au mieux ma respiration tout en me forçant à ne pas bouger. Après de multiples essais, je parviens enfin à capturer le cliché que j'imaginais. J'aime l'aspect pictural impressionniste qu'offrent les mouvements de l'eau, baignée par les lueurs de la végétation en hauteur. ■

Marcher sous l'eau

Le cincle plongeur aime communément les rivières propres, rapides et bien oxygénées. Dans le tumulte des cascades et grandes eaux, il fait son nid et élève les jeunes qui apprendront à nager avant de voler. S'il se nourrit sur les rives, il est également capable de s'immerger pour de véritables chasses subaquatiques. Contrairement à la plupart des oiseaux, ses os sont pleins, ce qui le rend plus lourd et lui permet de se déplacer dans des eaux turbulentes, jusqu'à une profondeur de 1,5 m. Il se sert alors de ses ailes comme de pagaies et pêche en soulevant parfois les cailloux pour dénicher ses proies. Il les repère grâce à la membrane nictitante de son œil qui compense la réfraction du liquide.

Cincle plongeur
Lac de Bethmale, le 22 octobre 2024 à 17 h 30

Pétrole, à la vie à la mort ?

Né d'une biodiversité ancienne fossilisée, le pétrole menace plus que jamais le vivant d'aujourd'hui. Carburants, plastiques, vêtements… l'or noir est omniprésent dans notre vie quotidienne. Mais pour combien de temps encore ?

PAR **THÉO TZÉLÉPOGLOU** ET **JEAN-LUC WISARD** theo@salamandre.org

Vous avez dit **énergie fossile** ?

Les restes de végétaux, animaux et micro-organismes morts **s'accumulent au fond des océans** et lacs. Ils se mélangent à des matières minérales, créant des boues de sédimentation. Des bactéries transforment la **matière organique** en un composé solide appelé *kérogène*.

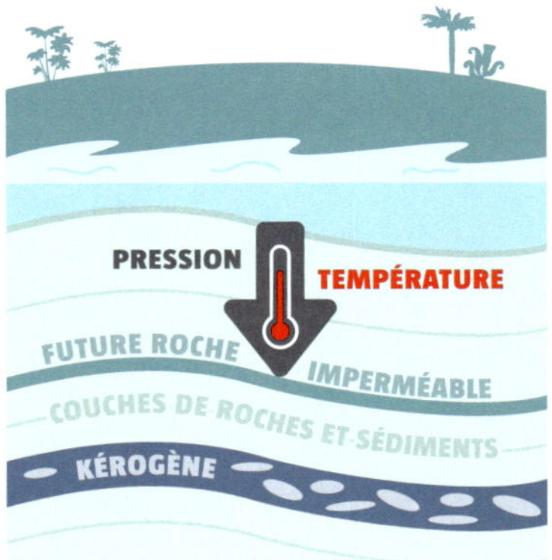

Pendant des centaines de millions d'années, les couches successives s'enfoncent. Le kérogène se transforme sous une **température et pression croissantes**. Les matières minérales se changent en une **roche imperméable**.

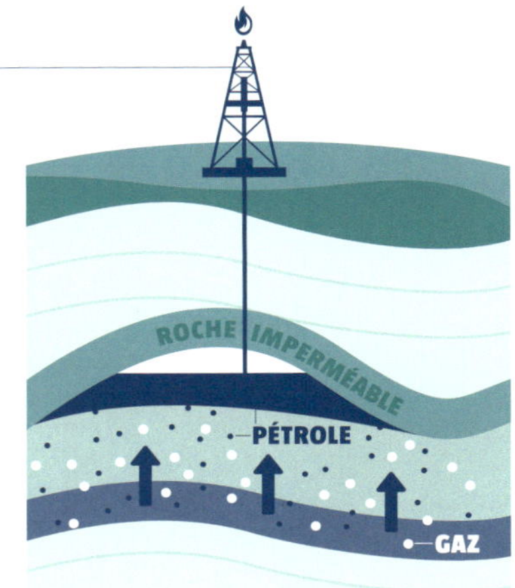

L'enfoncement continu transforme à nouveau le kérogène. Il expulse du gaz et un hydrocarbure liquide : le **pétrole brut**. Une partie de cet *or noir* est piégée dans la roche imperméable dite *réservoir*, et pourra être exploitée.

Comment est **consommé** le pétrole ?

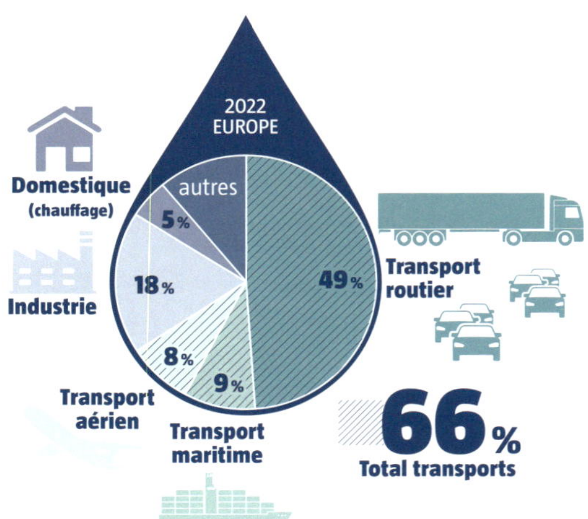

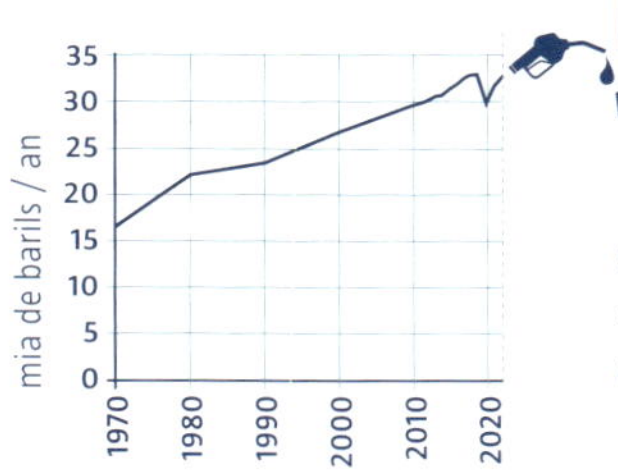

2023 MONDE

103 millions de barils / jour

soit **190 000 l / s**
= le **débit moyen du Rhône** à Genève en octobre (1935-2023)

Des **limites** toujours repoussées

L'exploitation de **sables bitumineux** et du **pétrole de schiste**, plus difficiles à extraire, à traiter et très polluants, offre des **alternatives** au pétrole conventionnel dont les réserves diminuent.

L'équivalent de **511 milliards de barils** de pétrole ont été découvert récemment par la Russie sous l'Antarctique. Une découverte qui fait débat quant à une **hypothétique exploitation**.

La date du déclin de la production de pétrole et la **fin de son exploitation** sont ainsi sans cesse remises en question et sont difficiles à estimer, **retardant la transition énergétique**.

90 % CO_2

Pollution **aérienne**

La majeure partie des émissions de dioxyde de carbone planétaires sont dues au **charbon**, au **pétrole** et au **gaz**. Ces combustibles fossiles contribuent le plus au réchauffement climatique. Ils sont responsables de plus de **75 %** des émissions mondiales de **gaz à effet de serre**.

Pollution **acoustique**

Exploitation maritime (sondages sismiques, forages, construction de plates-formes), bruit des navires, canons à air utilisés pour détecter la présence de pétrole ou de gaz... Ces sons poussent les cétacés à **quitter ces zones**.

Noir destin

Entre 1990 et 2020, plus de **1,5 million de tonnes** de pétrole provenant de navires ont été déversées dans les océans.

Pollution **brute**

† 300 000

En 1999, le naufrage du navire *Erika* a provoqué la fuite de **31 000 t de pétrole** au large de la Bretagne et sur **400 km de côtes**, tuant ainsi des centaines de milliers d'oiseaux.

750 mio de litres

En 2010, une marée noire dans le golfe du Mexique, due à la fuite d'une plate-forme d'exploitation, a répandu **4,9 millions de barils de pétrole** dans la nature.

Malgré tous les efforts déployés, **moins de 10 %** des hydrocarbures déversés lors d'accidents comme ceux-ci sont nettoyés avec succès.

Pollution des **nappes**

Les eaux usées et boues de forage contiennent des **additifs chimiques** qui peuvent **contaminer** les nappes phréatiques, les rendant impropres à la consommation.

La pollution au pétrole...

... altère **la reproduction et la croissance** de la vie marine sur des générations.

... provoque des **lésions** et des **maladies** sur les poissons et mammifères marins.

... lèse la capacité des phytoplanctons, algues et plantes aquatiques à faire la **photosynthèse**.

Pollution **plastique**

80 % des sacs plastique ne sont pas triés et recyclés. Ils finissent dans la nature. Dérivés du pétrole, ils sont une source de pollution considérable.

90 % des déchets retrouvés à la surface des océans sont des **plastiques**. Ils ont une durée de vie de presque **1000 ans**.

< 5 mm. Les **microplastiques** sont absorbés par de nombreuses espèces marines qui les confondent avec le zooplancton, les **ingèrent** et **en meurent**.

85 % des **tortues marines françaises** ont ingurgité des sachets plastique, selon une étude de 2019.

99 % des **oiseaux marins** auront avalé du plastique en **2050**. Ils n'étaient que 5 % au début des années 1960.

Option réintroduction

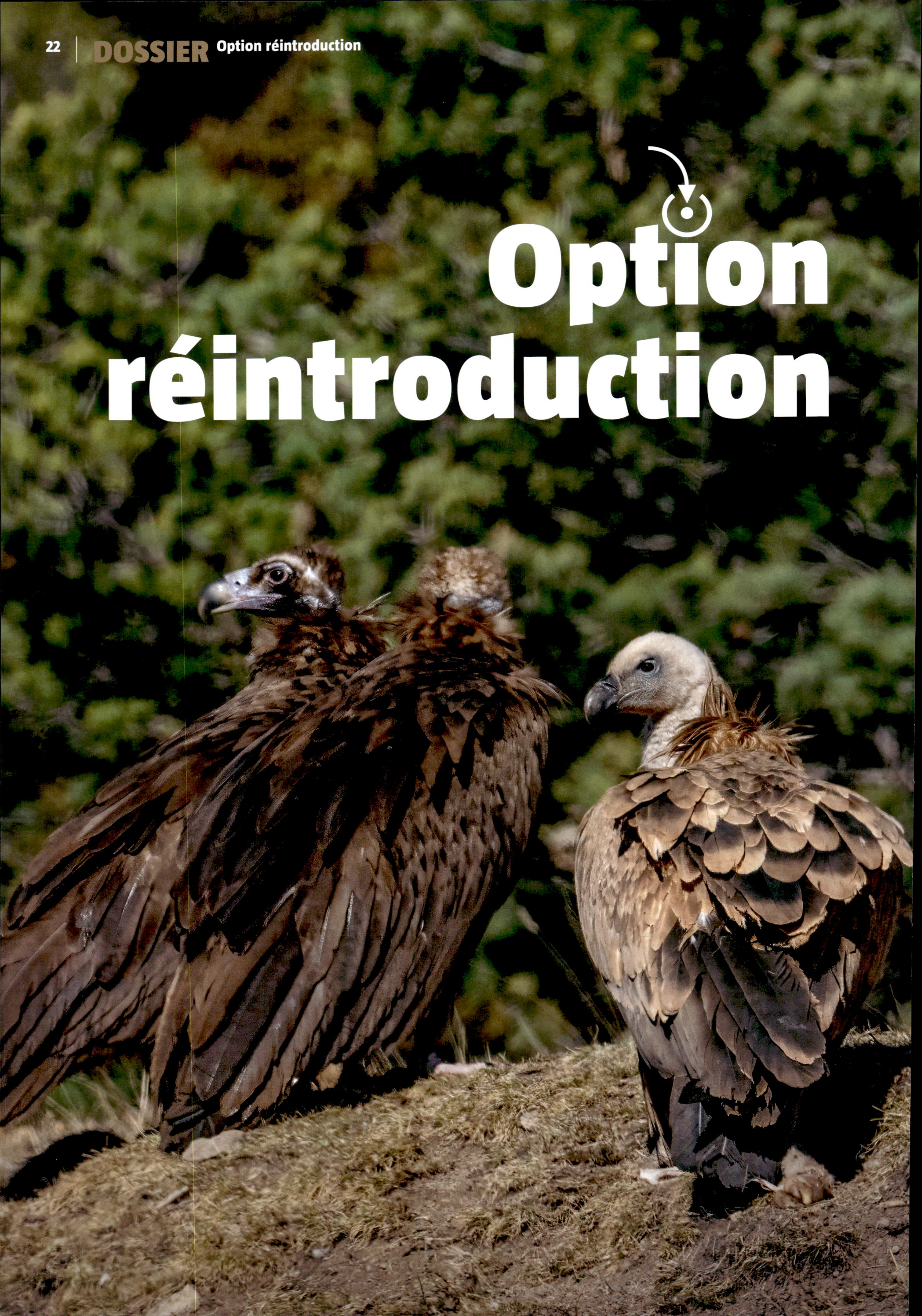

Si lors d'une randonnée en montagne, vous ressentez la présence saisissante du lynx, du vautour ou même de l'ours, dites-vous que ce ne sont pas des fantômes. Cette faune spectaculaire est bel et bien de retour, grâce à des femmes et des hommes engagés pour réparer les erreurs du passé.

Ces défis, souvent relevés contre vents et marées, sont tantôt des francs succès mis en lumière, tantôt des déceptions confidentielles.

Déplacer des animaux et des plantes comme des pions sur un échiquier, est-ce vraiment la dernière chance pour gagner la partie contre l'effondrement du vivant ? Tour d'horizon, des lacs suisses aux estuaires atlantiques, en passant par les marais wallons.

UN DOSSIER DE **JEAN-PHILIPPE PAUL** ✉ jean-philippe@salamandre.org
AVEC LA COLLABORATION DE **ANNE-SOPHIE NOVEL**

VAUTOUR MOINE, VAUTOUR FAUVE ET GYPAÈTE BARBU, TROIS ESPÈCES QUI BÉNÉFICIENT DE PROGRAMMES DE RÉINTRODUCTION / HANSRUEDI WEYRICH

Les chemins du retour

Qu'ont en commun le vautour moine, le castor, la cistude et la plante marine cymodocée ? Toutes ces espèces et tant d'autres ont bénéficié de programmes de réintroduction. Des opérations pas si rares, mais dont les motivations et les manières de procéder varient. Éclairage.

Déplacer des êtres vivants, pour sauver une espèce ou un habitat, est souvent considéré comme une opération de la dernière chance aux résultats aléatoires. Cette pratique a émergé au cours du XXe siècle. Jean-Baptiste Mihoub, écologue, explique : *« De tout temps, l'humain a déplacé des animaux ou des végétaux à des fins agricoles ou de chasse, mais c'est il y a un siècle que nous avons commencé à le faire dans un but de conservation. »* Ce chercheur au Centre d'écologie et des sciences de la conservation (CESCO) à Paris s'est passionné pour la dynamique des populations réintroduites lors d'un stage de master. Séduit par l'idée de suivre la restauration d'espèces dans un milieu d'où elles ont disparu, il décide de faire sa thèse avec François Sarrazin, un éminent spécialiste de ces questions.

Son travail de terrain lui a donné l'occasion de suivre deux cas de réintroduction, dont celui du faucon crécerellette. Une expertise qui a débouché sur une conclusion scientifique limpide : il n'y avait plus besoin de renforcement de population pour assurer l'avenir du rapace en France. *« Ce n'est jamais simple de s'exprimer en défaveur d'une opération de réintroduction, tant pour les enjeux de conservation de la biodiversité que vis-à-vis des attentes de nombreux acteurs. Heureusement, l'avenir ne m'a pas donné tort : le rapace est en expansion dans le sud de la France, avec une population qui croît de manière importante, dans l'Hérault par exemple. »*

ANN & STEVE TOON / ROBERT HARDING / IMAGEBROKER

Intensément chassé au point de disparaître par endroits, le cerf élaphe a été réintroduit dans plusieurs régions de France et cantons suisses. Gibier prisé par les uns, ennemi des arbres pour les autres, sa situation n'est jamais apaisée.

S'il est nécessaire de diversifier les points de vue et de s'appuyer sur le rôle proactif des organisations qui se mobilisent en faveur de la biodiversité, les équipes de recherche savent qu'il existe une large variété de motivations derrière les translocations. *« Le rôle des scientifiques est de rationaliser les efforts, en mobilisant les connaissances les plus objectives et rigoureuses possibles sur l'intérêt écologique de chaque opération. »*

Renforcer, réintroduire ou remplacer

De fait, il existe de multiples pratiques de translocation et une multitude d'acteurs allant d'individus passionnés aux associations, en passant par le monde de la chasse et les administrations. Pour y voir clair, un détour par les définitions est donc utile : la *translocation de conservation* est le terme global employé pour qualifier les déplacements intentionnels d'animaux ou de plantes en vue d'assurer la conservation de la biodiversité en général. *« On insiste vraiment sur le terme* biodiversité en général, précise Jean-Baptiste Mihoub, *car l'opération ne concerne parfois pas tant l'espèce déplacée que la restauration de processus naturels. »* Autrement dit, un être vivant peut être réintroduit en raison de la fonction qu'il remplit dans l'écosystème.

Une fois cette distinction faite, plusieurs types d'opérations peuvent être identifiés *(> schéma p. 27)*. Si des individus sont introduits dans leur habitat naturel alors que la population locale est encore présente, mais en difficulté, c'est un *renforcement* de population, à l'instar de l'ours dans les Pyrénées. Dans ce premier cas, l'opération consiste à ajouter des individus supplémentaires pour dynamiser la démographie ou diversifier la génétique. Si l'espèce a complètement disparu de la zone, on parle alors de *réintroduction*. L'exemple du vautour fauve dans les Cévennes est l'un des plus anciens programmes de ce type en Europe, parmi les mieux documentés quarante ans après le premier lâché en 1981. Grâce à ce succès renouvelé depuis ailleurs, le grand charognard est même devenu régulier dans le ciel des Alpes suisses. *« Ces deux contextes peuvent paraître équivalents, mais ils ne le sont pas vraiment d'un point de vue écologique et comportemental »*, insiste Jean-Baptiste Mihoub, pour qui les chances de succès sont souvent plus limitées en cas de réintroduction, *« quand l'extinction a eu lieu et qu'on repart d'une page blanche »*.

Lorsque des individus sont délibérément déplacés dans des zones où leur espèce n'a jamais été présente, deux nouveaux cas de figure apparaissent. Le premier concerne le déplacement d'une espèce menacée par des facteurs qu'elle n'a jamais rencontrés auparavant et dont les effets sont impossibles à limiter totalement – comme le changement climatique. On parle alors de *colonisation assistée*, destinée à protéger une espèce qui serait autrement très probablement condamnée à disparaître. C'est ce qui a été fait à l'autre bout du monde pour le diable de Tasmanie, après qu'une épidémie a décimé 80 % de sa population en moins de vingt ans. L'opération, réussie, a consisté à déplacer des individus sains sur des îlots non loin de son milieu d'origine en Australie continentale.

Le second cas, qui reste rare, est le déplacement d'une espèce en dehors de son aire de répartition »»

Rapaces au taquet

Les rapaces sont un groupe d'animaux qui connaît beaucoup d'exemples de réintroduction. Les trois grands charognards que sont les vautours – fauve et moine – et le gypaète *(> pp. 22-23)* illustrent à eux seuls la possibilité de succès. Leurs ombres planent de nouveau dans la plupart des massifs montagneux d'Europe centrale et du Sud. La réussite est au rendez-vous également pour le faucon crécerellette *(> photo)* dans le Midi de la France. Pour le balbuzard en Suisse *(> pp. 38-39)* et le pygargue au nord des Alpes, le processus est en cours. Une des recettes du succès ? La méthode du taquet, qui consiste à acclimater durant plusieurs mois ou années de jeunes rapaces dans des volières disposées en nature. Ils s'habituent autant à leurs congénères captifs, avec qui ils nouent des liens sociaux, qu'à leur futur environnement.

EMILE BARBELETTE / BIOSPHOTO

Question d'origine

Une réintroduction part du principe que l'espèce était indigène dans la région considérée avant sa disparition. Le statut de la cistude d'Europe a longtemps été controversé en Suisse. Vers 2010, des analyses génétiques tendaient à montrer qu'aucun individu résiduel n'était de souche 100 % suisse, c'est-à-dire que tous descendaient de croisements avec des cistudes d'autres origines, échappées de captivité ou relâchées anciennement. L'indigénat ancien de ce reptile a tout de même été officiellement acté. Un préalable essentiel pour les opérations de renforcement ou de réintroduction opérées dans les cantons de Genève (depuis 2011) et Neuchâtel (depuis 2013) et qui semblent être un succès.

OLIVIER BORN

››› naturelle pour préserver un écosystème. C'est ce qu'on appelle un *remplacement écologique*. Ce fut le cas en l'an 2000 à l'île Maurice : des tortues géantes d'Aldabra ont été introduites dans la réserve de l'île aux Aigrettes. L'espèce introduite étant proche de celle disparue, elle remplit un rôle écologique similaire en broutant la végétation, piétinant le sol et en dispersant les graines, ce qui maintient la dynamique de végétalisation essentielle à la forêt.

Un suivi qui s'organise

Si chaque situation de translocation est unique, toutes partagent la complexité de leur préparation, de leur mise en œuvre et de leur suivi. Cela nécessite de prendre en compte de nombreux paramètres, tels que la qualité de l'habitat, son évolution, le choix du site, le climat social et l'intervention humaine indispensable à la réussite de la translocation.

À celles et ceux qui pourraient se demander s'il est plus facile de déplacer la flore, rien n'est moins sûr : « *La mise en œuvre est peut-être plus simple avec les plantes, en particulier parce que nous rencontrons moins de problèmes liés aux enjeux sociaux des populations locales*, reconnaît Bruno Colas, chercheur au laboratoire Écologie, systématique et évolution (IDEEV). *Mais pour le reste, nous n'avons pas plus de garanties sur la réussite des opérations.* » (> Coup de chaud pour la fleur dorée, *p. 32-33)*

Le plus compliqué dans cette histoire est d'obtenir des données à long terme. Étonnamment, le recensement et le suivi de ces projets, bien qu'essentiels à leur évaluation, ne sont pas encore clairement organisés. « *La plupart des translocations de*

ALAIN ROUX / BIOSPHOTO

La sauvegarde de l'ours dans les Pyrénées a nécessité un renforcement de population avec le lâcher d'individus slovènes. Aujourd'hui, si la population d'ours dans le massif est en constante augmentation depuis 1996, atteignant au moins 83 individus en 2023, elle pourrait être menacée par la consanguinité.

conservation n'ont pas fait l'objet de publications, et la littérature qui en parle est très dispersée. En conséquence, les acteurs – bureaux d'études, associations, chercheurs… – manquent d'informations issues des expériences passées. Cela peut nuire à l'efficacité des futurs projets. Quant aux décideurs, ils disposent de peu de recul pour juger de la pertinence des opérations de translocation qu'ils doivent autoriser, financer, imposer ou refuser… ce qui peut affecter les politiques de gestion de la nature », indique Bruno Colas sur son site en 2014, lorsqu'il s'attelle à la création d'une base de données sur les translocations qui ont eu lieu en Europe et sur le pourtour méditerranéen.

Des données en cours d'organisation

Baptisée *TransLoc*, une base est désormais issue d'une solide collaboration entre huit chercheurs de différents laboratoires. « *Notre travail consiste à standardiser le vocabulaire pour fournir des clés de lecture communes à toutes et tous. Nous avons défini près de 200 champs d'informations utiles pour avoir des retours d'expérience plus lisibles et visibles* », explique Bruno Colas, heureux de disposer enfin d'un outil pour référencer les initiatives au long cours.
L'objectif principal est de rassembler des informations dispersées, d'encourager la participation et de surmonter la crainte de partager des données sensibles. »»

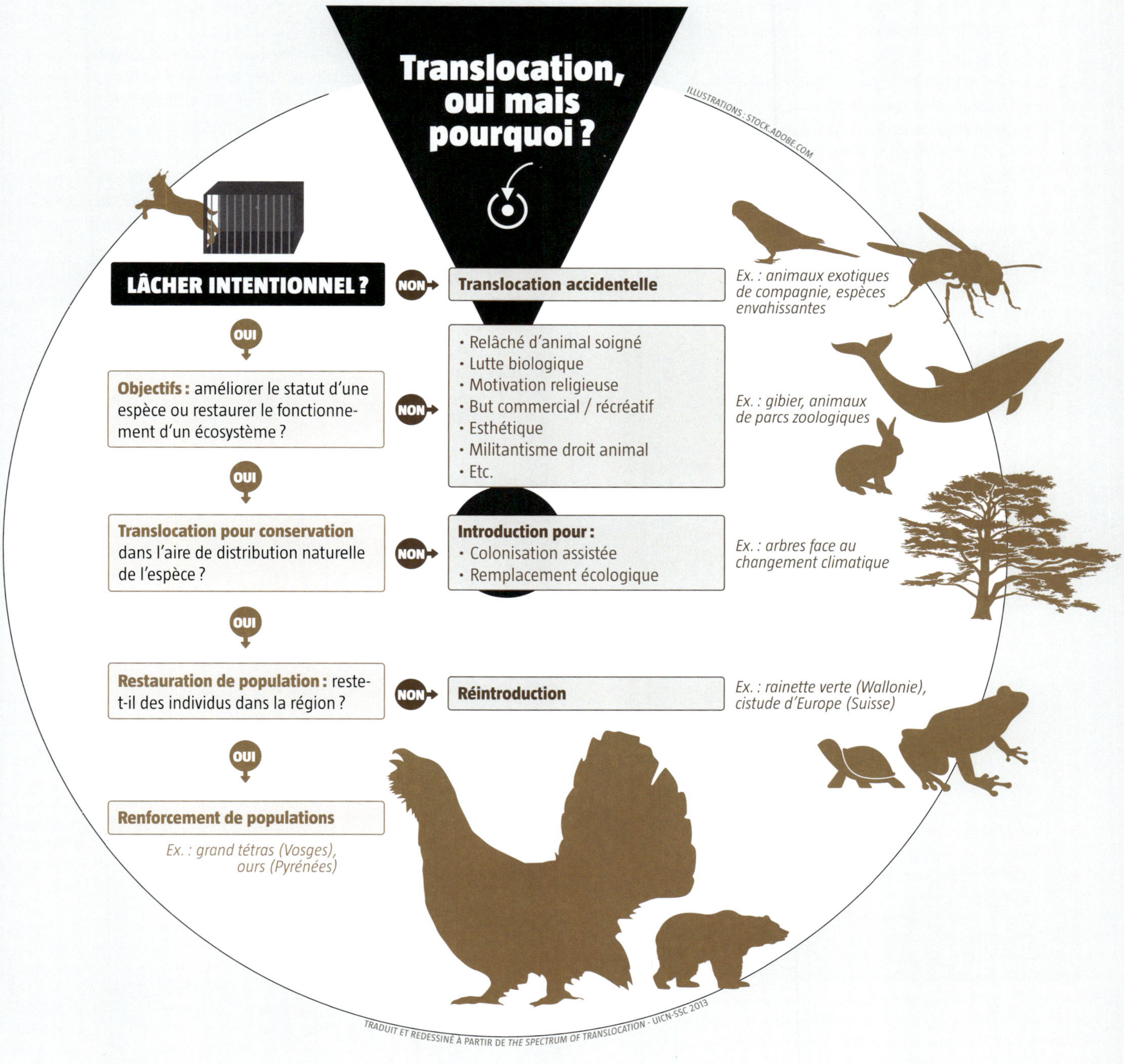

»» *« Cette réticence peut être liée à la valeur des informations que certaines personnes ont patiemment collectées, ou aux données elles-mêmes, qui ne doivent pas être trop largement diffusées afin de préserver les animaux ou plantes du dérangement ou de destruction accidentelle ou malveillante »*, explique Jean-Baptiste Mihoub, également impliqué dans ce projet.

Ce dernier est particulièrement vigilant aux biais induits par la valorisation des réintroductions réussies. En effet, les échecs de translocation sont en revanche rarement documentés. De plus, les critères de succès varient : *« Pour certains, le succès se mesure si les espèces survivent après deux ans, pour d'autres, c'est le nombre d'individus qui compte, tandis que certains attendent une reproduction entre individus nés dans la nature*, précise le scientifique, ajoutant qu'une même personne peut changer son évaluation du succès au fil du temps pour argumenter en faveur de la continuation de son programme. *Scientifiquement, nous tenons à définir le succès d'un point de vue écologique, biologique et démographique. »*

Il s'agit donc d'un travail de fourmi qui s'accompagne de dilemmes parfois compliqués à résoudre. *« Notre expertise scientifique est sursollicitée par les institutions publiques et les ONG, si bien que nous passons beaucoup de temps à éclairer les décisions et les plans nationaux d'actions. Ces activités rentrent totalement dans le cadre de nos missions, mais la multiplication de ces demandes empiète en fin de compte sur notre temps de recherche... Recherche pourtant justement nécessaire aux avis scientifiques pour lesquels on nous sollicite »*, souligne Jean-Baptiste Mihoub.

Une persévérance à toute épreuve

Une chose est sûre, en attendant : lui et ses collègues ne perdent pas de temps à étudier la réintroduction d'espèces disparues que certains aimeraient voir ressusciter, tels les mammouths. *« Ce sont généralement des défis qui appartiennent à d'autres disciplines de la biologie, comme la génétique, et qui sont la plupart du temps très éloignés de nos considérations »*, estime l'écologue. « Jurassic Park *a nourri de nombreux fantasmes, mais écologiquement et évolutivement, le retour du loup de Tasmanie aurait par exemple bien plus de sens et de légitimité que d'autres espèces disparues de longue date... »*

Bruno Colas, lui, rappelle que le plus important serait d'arriver à cohabiter et laisser les espèces évoluer : *« Les translocations peuvent être utiles, notamment dans le contexte de changement climatique, pour maintenir ou améliorer le statut de conservation d'une espèce. Ce n'est cependant pas une solution idéale et elles ne devraient pas devenir la principale méthode de conservation des espèces. Il vaut mieux en faire peu, mais bien, avec un suivi rigoureux. »* Avant de réintroduire ou renforcer, transformons nos sociétés en préservant les habitats de la faune sauvage, en réduisant la pollution, la surexploitation et la concurrence d'espèces envahissantes... Avec pour objectif d'intervenir le moins possible. **A-S.N.**

MICHAEL ADAM / BIOSPHOTO

La réintroduction est parfois le fait d'initiatives officieuses et souvent illégales. C'est le cas de nombreux papillons relâchés par des éleveurs amateurs en Grande-Bretagne. Le retour du gazé *(> photo)* dans une réserve naturelle d'où il avait disparu 100 ans plus tôt avait défrayé la chronique en 2023. Les scientifiques dénoncent notamment le risque contre-productif d'introduction de maladies.

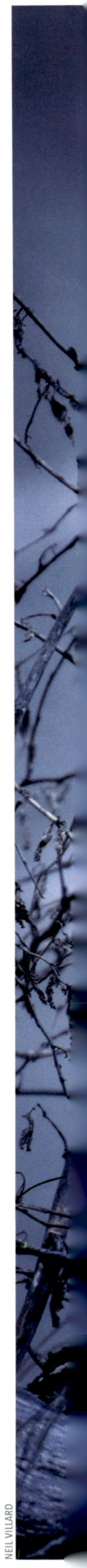

NEIL VILLARD

Demi-siècle

Après avoir disparu en 1904, le lynx boréal a foulé de nouveau le sol suisse en 1971, lorsque les premiers couples de félins en provenance des Carpates ont été relâchés dans le canton d'Obwald. Puis, d'autres réintroductions ont eu lieu dans le Jura. Plus de cinquante ans après ce retour emblématique, plusieurs centaines d'individus vivent dans le pays ainsi qu'en France voisine où l'expansion géographique est toujours avérée. Dans ce contexte apparemment positif, la mortalité des adultes par braconnage et collision routière est une réalité inquiétante à laquelle semble s'ajouter le danger sérieux de la consanguinité. Des ONG et certains scientifiques appellent à de nouvelles réintroductions en France, dans un contexte où l'espèce n'est pas totalement acceptée par le monde de la chasse.

1/8 FOCUS Grand tétras

Prises de bec sur les crêtes

YANN LE BRIS

Très controversée, l'arrivée de grands tétras norvégiens dans les Vosges fait couler beaucoup d'encre. Décryptage.

« Si un parc naturel régional ne remplit pas sa mission fondamentale d'expérimentation, de suivi et d'évaluation, en toute transparence, qui le fera ? », questionne Olivier Claude, directeur du parc naturel régional des Ballons des Vosges. Avant d'ajouter avec conviction : *« L'inconnu, c'est le lot de tous les programmes de renforcement ou de réintroduction. »* Pour ce responsable engagé dans le défi du retour du grand tétras, il fallait se donner toutes les chances pour sauver l'espèce dans ce massif du nord-est de la France. *« Si ça marche, bingo ! Si c'est un échec, on l'assumera et tous les enseignements bénéficieront à la communauté scientifique et aux autres gestionnaires. »*

Passion et division

Olivier Claude est très surpris par les levées de boucliers et le caractère électrique des débats qui entourent ce projet. *« On a l'impression qu'on veut raser les Vosges ! On parle de sauver un oiseau et de prendre encore plus soin de nos forêts, c'est tout. Ce n'est pas une première pour la faune régionale, il y a eu le lynx, les cigognes, le castor... Et que dire de la présence du chamois qui a pourtant été introduit ici ! »* Il faut dire que l'avis négatif des instances légitimes en la matière, à savoir le Conseil national de la protection de la nature (CNPN) et son pendant régional le CSRPN n'a pas été suivi. La décision préfectorale d'engager le transfert de tétras norvégiens dans les Vosges dans ce contexte de division a été un tournant à la mi-avril 2024.

Dès lors, les deux camps deviennent farouchement opposés : des ONG en soutien, certaines qui doutent puis finissent par se ranger aux côtés des *pour*, et d'autres enfin qui mobilisent la justice pour faire capoter le programme. *« Ce projet va faire un énorme flop. Ce sera un exemple de ce qu'il faudra éviter d'engager à l'avenir »*, prévoit le photographe Vincent Munier, enfant du pays. Pour ce fils d'un des grands spécialistes de l'*oiseau-forêt*, Michel Munier, les Vosges ne sont plus favorables à l'espèce et la décision est politique. *« Le Groupe Tétras Vosges estimait la présence à seulement trois poules dans les Vosges en 2023, et aucun oiseau début 2024. »* Pour le naturaliste, en l'absence de mâles, *« il s'agit d'une réintroduction et non d'un renforcement. »* Et d'ajouter : *À quoi bon organiser des consultations publiques, si c'est pour balayer l'extraordinaire rejet qui s'y est exprimé ? »*

ARNAUD FOLTZER

Coq grand tétras en parade au milieu de poules sur une place de chant, dans la région de Norvège d'où sont originaires les individus déplacés dans les Vosges.

Expatriés sous surveillance

Alors que les *bip bip* de l'appareil de télémétrie signalent la présence de grands tétras juste en face, sur la crête de la réserve naturelle du massif du Grand Ventron, Fabien Diehl se défend : *« Le projet a été pensé de longue date, il bénéficie de trois études de faisabilité, de dossiers d'autorisation, sous le regard d'experts mandatés de l'Union internationale pour la conservation de la nature, en partenariat avec l'Office français de la biodiversité* (OFB) *et des spécialistes internationaux du grand tétras. »* Pour le coordinateur du projet, opposer l'échec des Cévennes – où des centaines d'oiseaux ont été relâ-

15 000
Nombre estimé de grands tétras chassés par an en Norvège, où la population de l'espèce est estimée à 200 000 individus. En France, la sous-espèce pyrénéenne, non chassable jusqu'en 2027 au moins, abrite 90 % des 4 000 couples français.

chés en vain au siècle dernier –, c'est de la mauvaise foi. « *Nous nous basons sur l'expertise d'Emmanuel Ménoni, grand spécialiste de l'espèce à l'OFB, et sur les résultats encourageants d'opérations similaires en Pologne et en Allemagne* », insiste-t-il. En attendant, neuf grands tétras sont arrivés ce printemps depuis la Norvège. Non pas du Grand Nord, mais d'une latitude proche d'Oslo où l'espèce est encore très chassée. « *Alors que certains prédisaient leur mort en quelques semaines, les quatre poules et les cinq coqs relâchés sont toujours en vie début août* », assure Fabien Diehl avec enthousiasme.

Les dés sont jetés

D'après Arnaud Foltzer, technicien de la réserve naturelle, les données de télémétrie ne montrent aucun comportement aberrant chez les tétras venus des pinèdes scandinaves pour s'acclimater aux sapins vosgiens. « *C'est incroyable, les oiseaux visitent des places de chants historiques* », s'étonne-t-il. Sur son écran d'ordinateur, il pointe un graphique issu de l'accéléromètre, un petit appareil porté par chacun des neuf oiseaux qui permet de deviner leur activité. « *Pour cet individu, on voit de longues périodes d'activité suivies de longues périodes de repos. C'est classique. Mais pour cette femelle, on distingue des phases actives de quelques minutes seulement et des phases passives très longues. C'est le signe très probable d'une couvaison !* » Une première reproduction ? L'avenir le dira.

Neuf pionniers ne suffiront pas à garantir le retour du grand tétras dans les Vosges. Les gestionnaires le savent, il en faudra beaucoup d'autres, 50 par an pendant cinq ans d'après les experts. Pour espérer que les prophéties pessimistes soient déjouées, les Vosges devront retrouver un visage de plus en plus accueillant : de grands espaces de forêts préservées bénéficiant de longues périodes de quiétude, une acceptation sociale durable de la part des usagers d'un massif très fréquenté, etc.

Et puis, il faudra une résilience à toute épreuve des oiseaux importés et de leur éventuelle descendance, dans un habitat nouveau, un relief plus marqué et sous un climat moins froid et plus humide. Échec ou réussite, impossible à prévoir... L'enjeu sera de tenir compte des points forts et des erreurs sans perdre l'objectif de protéger durablement la forêt vosgienne, avec ou sans tétras.

ET AILLEURS...

Musique d'avenir

Alors que la Belgique comptait encore 400 tétras lyres dans les années 1970, la population est tombée à trois ou quatre individus en 2017. Le projet de renforcement en cours dans les landes et tourbières des Hautes Fagnes a permis depuis de relâcher une centaine d'individus venus de Suède. En 2024, 13 mâles ont été dénombrés, contre six en 2023. De bon augure pour l'objectif espéré de 40 ?

> bit.ly/TLyreDoc

Située sur la frontière entre les ex-régions d'Alsace et de Lorraine (aujourd'hui Grand Est), la réserve naturelle du massif du Grand Ventron et ses 1647 ha sera-t-elle le théâtre du retour du grand tétras dans les Vosges ?

HEMIS / ALAMY

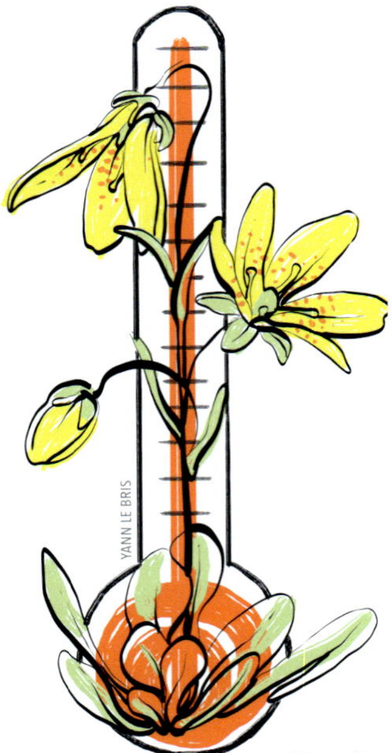

2/8 **FOCUS** Saxifrage œil-de-bouc

Coup de chaud pour la fleur dorée

Inféodée aux marais froids du Grand Nord et des montagnes, la saxifrage œil-de-bouc est réimplantée dans le Jura franco-suisse pour éviter son extinction.

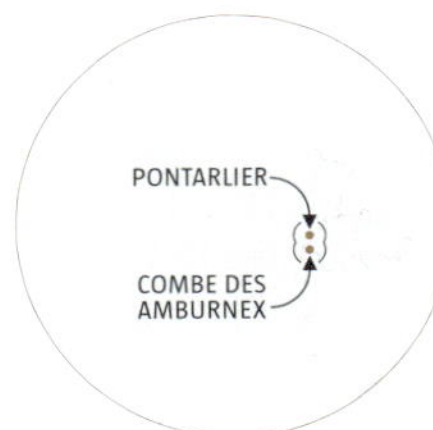

Tandis que les chants de courlis cendrés et de rousserolles verderolles animent le paysage sonore, une pluie intermittente arrose trois botanistes imperméables. Leur terrain de jeu : un marais d'altitude près du village de Sainte-Colombe, non loin de Pontarlier (Doubs). Leur camp de base : des appareils de mesure en tous genres, des caissettes remplies de pots, des blocs-notes et de grands parapluies.

« *On serait venus même sous le déluge !* », annonce Julien Guyonneau avec le sourire de celui qui connaît la valeur de cette eau venue du ciel.

Pour le scientifique du Conservatoire botanique national de Franche-Comté, l'objectif de ce 23 mai est de planter 80 pieds d'une plante rarissime, la saxifrage œil-de-bouc. Le déclin dramatique de cette relique glaciaire, y compris dans la dernière station de France située à Bannans, à quelques kilomètres d'ici, a conduit à élaborer un premier plan national d'actions (2012-2016), puis un second en cours (2021-2027). Parmi les mesures phares pour faire renaître la fleur dorée dans les marais du massif jurassien, on note le renforcement de la population relictuelle, la réintroduction dans les stations historiques et même l'introduction dans des sites jugés ultrafavorables, mais où la plante n'a jamais été observée. « *C'est un programme échelonné sur deux périodes de cinq ans et qui concerne dix sites : cinq durant la période 2017-2022 pour un total de 2 805 pieds réintroduits et cinq nouveaux sites de 2023 à 2027, dont celui où nous sommes aujourd'hui* », précise Julien Guyonneau. L'habitat idéal pour cette saxifrage est la zone de transition entre le bas marais et le haut marais tourbeux, avec un niveau d'eau intermédiaire, beaucoup de mousse et peu de concurrence herbacée. « *Autour, la flore est typique : la primevère farineuse, le trèfle d'eau, la prêle des marais, le saule rampant, le peucédan des marais...*, le botaniste égraine les noms de plantes en les pointant du doigt. *Là-bas, la molinie est plutôt le signe d'une dégradation du marais et si ça s'assèche encore cette graminée prendra complètement le dessus* », poursuit-il.

L'expert admet que ce scénario s'observe malheureusement sur la station naturelle de Bannans, la plus basse (810 m d'altitude), qui est dans une situation dramatique. « *Nous n'imaginions pas un changement climatique si brutal lorsque nous avons lancé le plan de renforcement en 2016. Augmentation des températures moyennes, canicules répétées, sécheresses au printemps, en été et en automne. Le marais s'assèche, les campagnols colonisent et consomment la saxifrage...* » Tout s'emballe pour ce milieu fragile : limaces, lombrics ou fourmis colonisent le sol et modifient sa physico-chimie. « *Sans parler de*

L'Orangerie municipale de Besançon (Doubs), où sont cultivés les plants de saxifrage oeil-de-bouc pendant les travaux du nouveau jardin botanique.

La Combe des Amburnex (VD) en Suisse abrite la plus grande population de saxifrages œil-de-bouc d'Europe centrale, avec plusieurs milliers de pieds. Un vivier qui fournit les programmes de réintroduction dans le Jura suisse et les Préalpes, ainsi qu'en France.

BENOÎT RENEVEY (X2)

l'apport d'azote atmosphérique et des fertilisations agricoles alentour », conclut-il en notant méticuleusement les informations concernant le plant n° 134 que lui dicte sa collègue Julie Reymann.

Heureusement, les nouvelles sont très encourageantes en provenance d'une tourbière en très bon état située à 1100 m d'altitude, où les plantes se portent bien. De quoi motiver le repiqueur du jour qui choisit les plus beaux plants dans une caissette posée au sol. Samuel Czapla, du jardin botanique de Besançon, est chargé de la culture des saxifrages. Aussi bien la collection de sauvegarde issue de la dernière station naturelle connue en France que la mise en culture de semis destinés à la réintroduction. « *Tous ces plants proviennent de graines suisses, plus précisément de la Combe des Amburnex (VD)* (> photo ci-dessus) », témoigne ce passionné.

Si l'avenir s'annonce chaud pour la plante venue du froid, il ne fait aucun doute que des experts, investis et ancrés dans la réalité du terrain, font tout leur possible au quotidien pour que l'espoir soit permis.

26

Nombre de localités qui abritaient encore la saxifrage œil-de-bouc en Suisse au XIXe siècle. Une vingtaine étaient historiquement connues côté France. Dans chacun des deux pays, l'espèce n'était plus connue que d'une seule station avant les programmes de réintroduction.

JARDIN BOTANIQUE DE MEISE

ET AILLEURS...

Du brome au cœur

D'après les botanistes, la graminée endémique de Wallonie, associée à la culture de l'épeautre, avait disparu de la région vers 1935. Plus de quatre-vingts ans après, grâce à des graines conservées au jardin botanique de Meise et à des agriculteurs volontaires, le brome des Ardennes a retrouvé la clé des champs.

> bit.ly/BromeRTBF

JEAN-PHILIPPE PAUL (X5)

Les scientifiques replantent les jeunes saxifrages dans la tourbière en relevant les coordonnées GPS très précises. La floraison se fera plus tard, entre juillet et septembre.

YANN LE BRIS

3/8 FOCUS Mulette perlière

La vie au bout du cycle

Pour sauver la fragile moule d'eau douce, il faut une rivière propre, des truites et un savoir-faire unique. Éclairage.

Coquille noire, allongée, atteignant 10 à 15 cm de long et 5 cm de large, la mulette perlière ressemble à une moule telle qu'on l'imagine. À un détail près, elle ne vit pas agglomérée sur des bouchots en mer, mais discrètement fixée dans le fond des rivières de régions non calcaires de France et de Belgique – elle est absente de Suisse. Immobile quasiment toute sa vie, le mollusque filtre jusqu'à 50 l d'eau par jour pour se nourrir de particules organiques. Pour cette moule de rivière, les fonds vaseux sont proscrits : sable propre et galets sont indispensables. Une eau froide, ne dépassant pas 14 °C, pauvre en nitrate, ammoniaque ou phosphate... et c'est le paradis de la mulette. Côté qualité de l'eau, le bivalve est en effet très exigeant, et c'est là son point faible. Son paradis tourne à l'enfer, lorsqu'à la surpêche du passé pour ses perles succède l'urbanisation et ses eaux usées, l'agriculture et ses excès ou encore l'emballement climatique. Sans compter les barrages et les espèces exotiques envahissantes...

En Bretagne, l'espèce a failli disparaître alors qu'historiquement elle couvrait le lit des rivières. L'association Bretagne Vivante et ses partenaires, dont la fédération de pêche du Finistère, se sont donc engagés en faveur de la mulette. D'abord lors d'un programme *Life +* (2010-2016), puis dans la déclinaison du plan national d'actions (2016-2022). La réintroduction est le point fort de cette mobilisation. Une opération délicate qui doit intégrer les particularités du cycle de vie du mollusque *(> schéma p. 35)*, dont la phase remarquable où les larves s'accrochent aux branchies des truites fario. Un *squat* qui permet aux intrus de se métamorphoser tout en voyageant dans la rivière à moindres frais.

La station scientifique du Favot, à Brasparts (Finistère), est devenue la référence. Elle a permis la réimplantation de bivalves dans trois cours d'eau bretons et trois normands. Elle servira de pouponnière pour les souches venues du Limousin, d'Auvergne et des Vosges.

Le principe consiste à prélever les larves, dites *glochidies*, au cinquième stade de développement, lorsqu'elles sont aptes à se fixer sur leur hôte. Les futures moules sont alors mises en présence de jeunes truites sauvages en bassin, dans une eau de qualité. Une même truite ne joue ce rôle qu'une seule fois dans sa vie, car elle s'immunise ensuite contre l'enkystation des bébés mollusques. Quelques mois plus tard, les jeunes mulettes se libèrent et sont enfouies par les techniciens dans le sédiment d'une rivière d'accueil. Les scientifiques attendent huit ou neuf ans avant de prélever de nouveau les moules. Elles font alors 3 cm, émergent du substrat et sont prêtes à être relâchées dans un cours d'eau définitif. Animées d'une force de vie incroyable, elles patienteront encore une dizaine d'années avant de se reproduire à leur tour !

99,9996 %

Taux de mortalité des glochidies entre le moment de leur libération par la moule et l'hypothétique fixation sur un poisson hôte. L'abondance des truites fario est donc primordiale pour la pérennité du mollusque et sa dispersion dans les cours d'eau. La survie est heureusement plus élevée en condition optimisée d'élevage.

Parasitisme ou symbiose ? La larve de mulette vit aux dépens de la truite et peut être considérée comme un parasite. Mais ensuite, le bivalve filtreur participe à la qualité de l'eau et, lorsqu'il abonde sur le fond de la rivière, constitue un habitat favorable pour les jeunes poissons.

MATHIEU FOULQUIÉ / BIOSPHOTO

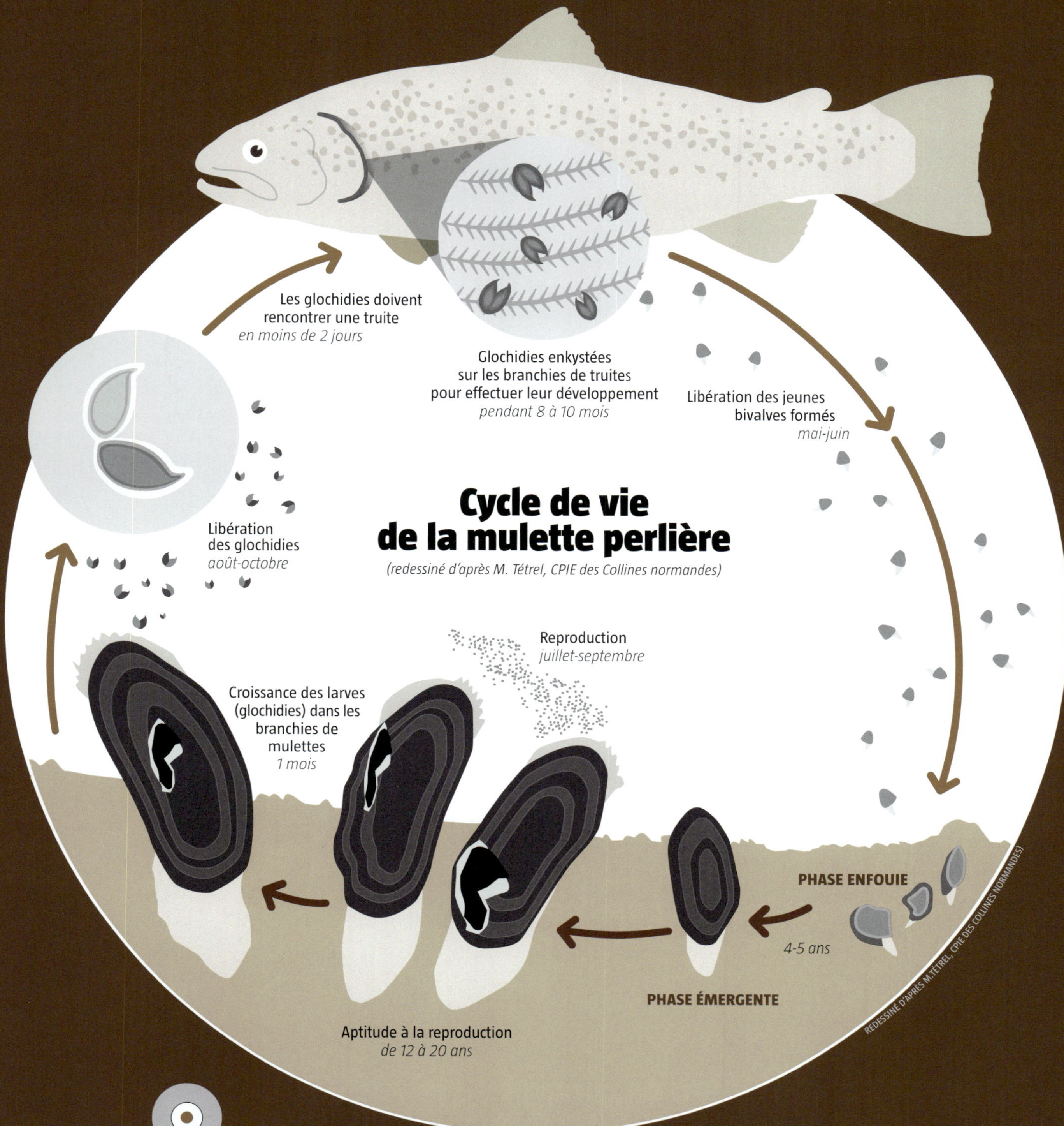

ET AILLEURS…

En mer aussi

La patelle géante est un coquillage protégé et menacé de disparition en Méditerranée. Clé indispensable pour un projet de renforcement de population, la reproduction en captivité a été maîtrisée pour la première fois par l'Université de Corse et le CNRS en 2023. Résultat : 72 juvéniles sont nés dans les bassins de Stella Mare.

> bit.ly/PatelleCorse

EPLESKO / PIXABAY

4/8 **FOCUS** Hamster commun

La marmotte des champs

Le hamster est un animal sauvage. Lorsqu'il est en cage, c'est pour mieux en sortir. C'est ce qui se passe en plaine d'Alsace, où l'emblématique rongeur est réintroduit dans les champs cultivés qu'il affectionne.

SYLVAIN CORDIER / BIOSPHOTO (X3)

Hamster commun dressé dans un champ de luzerne. Son pelage roux, blanc et noir est caractéristique.

Sous-sol

Le hamster commun vit dans les plaines agricoles au sol meuble. Celui qui était surnommé la *marmotte de Strasbourg* vit 95 % de son temps dans ses galeries sous terre. Les terriers d'été, sommaires, se situent à environ 50 cm de profondeur. Ceux d'hiver, complexes, s'enfoncent à 1,5 m sous terre.

Indigestion de pop-corn

Le maïs destiné à nourrir le bétail occupe 40 % de la surface agricole disponible en Alsace. Cette monoculture intensive a réduit drastiquement l'habitat préféré du mammifère : champs de luzerne, trèfle, orge, épeautre, seigle ou blé.

Peau de chagrin

La France est, avec la Flandre, la limite ouest de la répartition mondiale du hamster commun, qui s'étend sur toute l'Eurasie. Historiquement absent de Suisse, il est limité à l'Alsace en France. De nuisible empoisonné et pourchassé, le rongeur est passé à espèce rare, menacée et confinée à trois zones isolées de la plaine alsacienne.

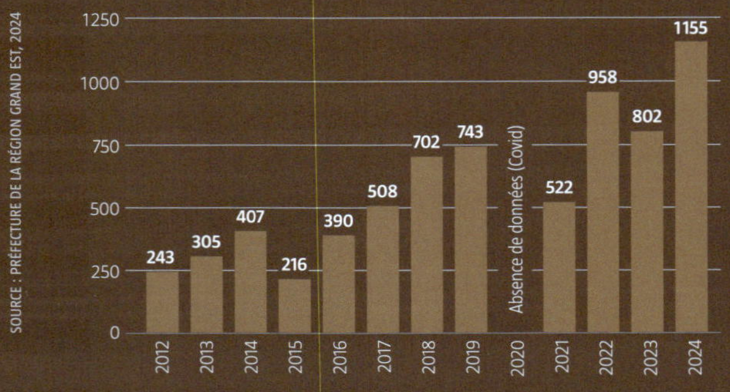

Le comptage des terriers de hamsters réalisés dans les cultures favorables par l'Office français de la biodiversité (OFB) montre des fluctuations, mais une tendance à la hausse. Le bilan a été multiplié par 4,75 entre 2012 (243 terriers) et 2024 (1155). Cet indicateur fiable ne renseigne cependant pas précisément sur le nombre de hamsters.

329

Nombre de communes alsaciennes occupées par le hamster commun en 1972. Après un déclin marqué dans les années 1970-1990, l'espèce était connue de seulement 16 communes en 2018.

ET AILLEURS…

Vison d'avenir

L'élevage de visons d'Europe au parc animalier de Chizé (Deux-Sèvres), dans l'ouest de la France, fait partie des étapes nécessaires à la réintroduction de cette espèce rarissime – moins de 250 individus estimés. L'opération de relâcher est prévue pour 2025 par le plan national d'actions dédié à cette espèce, aujourd'hui confinée à quelques départements de la façade atlantique.

> bit.ly/PNAVison

CIOBANIUC ADRIAN EUGEN / ALAMY

Lâché de hamster dans le cadre d'un programme de réintroduction.

Renforcement

Le relâcher annuel d'environ 500 hamsters, élevés en captivité par l'association Sauvegarde faune sauvage, dans les zones de protection spéciale, fait partie intégrante des mesures de conservation de l'espèce. Il faudrait à terme une population viable de 1500 hamsters pour mettre fin à cette dépendance.

Mauvaise compagnie

Le hamster commun est protégé depuis 1993 et sa détention est interdite. Mesurant 20-30 cm pour 220-460 g, ce rongeur ne doit pas être confondu avec son cousin largement domestiqué, le hamster doré, plus petit et originaire de Turquie et de Syrie.

Soutien

En 2023, 113 exploitants ont reçu une indemnisation d'un montant total de 582 320 euros pour la mise en place de cultures favorables. Par ailleurs, 33 exploitants ont bénéficié d'une aide de 128 197 euros pour la non-récolte de bandes de céréales à proximité des terriers.

Hamster dans son terrier, dont le diamètre mesure généralement 8 cm.

Haut et bas

Le statut du hamster est meilleur dans le Bas-Rhin (à proximité de Strasbourg) où sont présentes les deux principales zones de protection spéciale (ZPS). Près de 240 agriculteurs y sont engagés pour l'espèce au sein de l'association Agriculteurs et faune sauvage Alsace (AFSAL). Dans le Haut-Rhin (près de Colmar), la situation de la petite population isolée est quant à elle critique.

Verdissement ?

Alors que l'autoroute du Grand contournement ouest de Strasbourg (GCO) a détruit des habitats naturels et agricoles, le géant de la construction Vinci a relâché des rongeurs dès 2022 en compensation des impacts engendrés. Une pure opération de communication, selon certaines ONG alsaciennes.

5/8 **FOCUS** Balbuzard pêcheur

Arthur et compagnie

À en croire Wendy Strahm, coordinatrice du projet *Balbuzard*, l'emblématique rapace pourrait bientôt recoloniser les eaux suisses, un siècle après sa disparition. En compagnie de son complice Denis Landenbergue, la scientifique nous résume avec enthousiasme cette formidable aventure.

Wendy Strahm
Coordinatrice du projet *Balbuzard* en Suisse.
> balbuzards.ch

35
Nombre de plates-formes construites pour la nidification du balbuzard pêcheur dans le cadre du projet de réintroduction. Cinq d'entre elles sont en France frontalière. Ces dispositifs sont généralement visités ou adoptés par les oiseaux issus du programme, mais pas encore par les migrateurs.

Juste devant nous, un balbuzard pêcheur est perché sur un arbre. Que fait ce rapace au bord du lac de Bienne, en été ?
C'est *Arthur*, l'un des nombreux balbuzards réintroduits en Suisse depuis dix ans. Il est cantonné et fidèle à cette partie du lac, mais il est encore célibataire.

Le balbuzard n'a jamais cessé de fréquenter les lacs du pays, pourquoi parlez-vous de réintroduction ?
L'espèce s'est éteinte en Suisse en tant que nicheuse vers 1915. Mais les migrateurs reliant le nord et l'est de l'Europe à l'Afrique ont en effet toujours continué de traverser notre pays… sans jamais plus s'y installer.

Qu'est-ce qui vous a motivée à agir pour le retour de cette espèce ?
Ce projet a en quelque sorte fêté le centenaire de Nos Oiseaux, en 2013. L'association romande a le même âge environ que la disparition du balbuzard. On a voté lors de l'assemblée générale et il y a eu 87 % de voix pour la réintroduction de ce rapace emblématique. Les premiers tests ont débuté avec six oiseaux lâchés dès 2015.

Et par la suite ?
Soixante oiseaux ont été relâchés après l'année test, entre 2016 et 2020. Sur ce total de 66 balbuzards, tous, sauf quatre, sont bien partis en migration.

D'où sont originaires ces balbuzards ?
Une moitié de Norvège, l'autre de l'est de l'Allemagne. Ils ont rejoint leur volière à l'âge de 5-6 semaines, au sein d'un lieu très singulier : une prison. Le site se prêtait bien à l'opération et le directeur était très intéressé. Les détenus et les bénévoles autorisés ont alors surveillé et nourri les jeunes rapaces.

Où en est-on, aujourd'hui ?
Aujourd'hui, onze oiseaux au moins sont revenus en Suisse ou dans les pays voisins. Ce taux de retour de 17,7 % est normal dans ce genre d'opérations. Sept individus sont des mâles, encore célibataires, fidèles à leur lieu de lâcher. Quatre sont des femelles, plus aventurières chez cette espèce, parties hors de Suisse. Pour trois d'entre elles, le succès est au rendez-vous puisqu'elles se reproduisent depuis 2023. *Mouche* – en Moselle (France) –, *Plume* – en Bavière – et *Chronos* – dans le Bade-Wurtemberg (Allemagne) – ont élevé 17 jeunes à elles trois en deux ans. *Chronos* a inauguré l'an dernier la première reproduction de l'espèce dans ce Land allemand depuis 1907 ! Quant à *Mouche*, elle occupe le nid de balbuzard le plus proche de Suisse, à environ 200 km.

L'espèce consomme exclusivement du poisson. Est-elle dans le collimateur du monde de la pêche, comme les harles et les cormorans ?
On peut dire que tout se passe bien. Nous avons rencontré beaucoup de pêcheurs professionnels fans du projet. Ils ont même fourni gratuitement les petits poissons qui servaient à nourrir les jeunes balbuzards en volière !

Le balbuzard *Arthur* a-t-il des voisins ?
Oui, *Racine* et *Olympe* par exemple. Ce dernier occupe le secteur de la Grande Cariçaie, au nord-est du lac de Neuchâtel et entretient deux plates-formes. Il a même construit un nid naturel en plus cet été. Avec désormais trois sites potentiels, il met toutes les chances de son côté pour intéresser une femelle de passage.

Comment suivez-vous tous leurs mouvements ?
Les premiers mois de leur liberté, grâce à des antennes de télémétrie posées sur leurs rectrices. Ils les perdent ensuite lors de la mue des plumes. Après, il nous reste leurs bagues colorées comportant des codes lisibles à distance. *Arthur*, par exemple, c'est F12. Pour les repérer dans toute la Suisse, et même ailleurs lors de leurs migrations, l'aide des ornithologues amateurs est très précieuse.

Il y a beaucoup de volontaires pour ce genre de défi en Suisse ?
Au printemps et en automne, les passionnés d'oiseaux sont nombreux à observer les migrateurs sur les lacs. Leurs données sont centralisées et nous parviennent. En plus de cela, nous organisons en été des « matinées balbuzards » dans plusieurs lieux de Suisse, et même en France frontalière. Ces temps d'observation permettent de suivre simultanément les endroits favorables et stratégiques pour les balbuzards. Le 23 juin, nous avons réussi à mobiliser 51 participants. Rejoignez l'équipe en 2025 !

ET AILLEURS…

Géants du Léman

Depuis 2011, le pygargue à queue blanche niche de nouveau en France, dans le centre et le nord-est du pays. En plus de ce retour naturel, un projet de réintroduction est initié depuis 2022 sur le Léman et le Haut-Rhône, secteur d'où aurait disparu le dernier couple de France continentale en 1892. Le programme controversé au départ vise à relâcher 85 pygargues d'ici à 2030. Sur les 14 individus libérés depuis 2022, trois ont été abattus (Isère, Gers, Allemagne), démontrant que le sort réservé aux rapaces n'est toujours pas sécurisé.

> bit.ly/PlanPygBalbu

GUY VAN LANGENHOVE / BIOSPHOTO

Arthur, balbuzard pêcheur réintroduit sur le lac de Bienne. Sa bague F12 est lisible sur le terrain dans de bonnes conditions ou, comme ici, sur des photos de qualité. Cet oiseau né en 2018 est encore célibataire, mais son espérance de vie de vingt à vingt-cinq ans autorise tous les espoirs.

HANSRUEDI WEYRICH

6/8 **FOCUS** Criquet de Crau

Le criquet galet

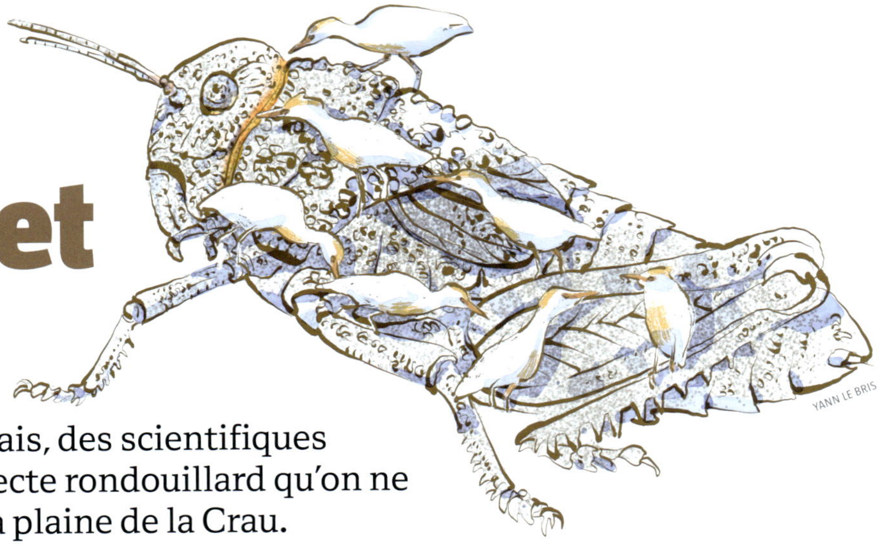

Dans le seul désert français, des scientifiques tentent de sauver un insecte rondouillard qu'on ne trouve qu'ici. Direction la plaine de la Crau.

Ce matin du 11 juin, le véhicule du Conservatoire d'espaces naturels de Provence-Alpes-Côte d'Azur (CEN PACA) est remué par le sol caillouteux. Au volant, Camilla Crifò, coordinatrice du projet *LIFE SOS Criquet de Crau*, rappelle l'objectif de l'opération : *« Nous allons chercher les criquets en marchant côte à côte tous les trois dans un périmètre de 10 ha. »* Le terrain militaire abrite un *coussoul* – nom donné à l'habitat semi-aride de la Crau, recouvert à 70 % de galets – qui accueille une des trois dernières populations de criquets. Ce dodu orthoptère de 4 cm est endémique de la localité éponyme. *« Dès qu'un individu est détecté, on vérifie s'il est marqué. Si ce n'est pas le cas, on note son sexe et diverses informations puis on inscrit un numéro au feutre sur son dos »*, précise la chercheuse en poste ici depuis quelques mois.

L'aiguille dans la botte de foin

Les foulées s'enchaînent et la rareté de l'animal se confirme encore. Heureusement, le paysage ravit les sens du naturaliste : flore originale, vue somptueuse sur la chaîne des Alpilles, vols de gangas catas et d'outardes canepetières – oiseaux emblématiques des lieux –, chenilles de sphinx de l'euphorbe...
Après plus de deux heures de marche, le *« Là ! »* de Camilla Crifò sonne comme la promesse d'une pépite d'or. Il s'agit d'une femelle non marquée. La biologiste saisit délicatement l'animal, incapable de voler du fait de ses ailes minuscules. Le criquet de Crau mise tout sur son mimétisme et se déplace de 20 à 50 m seulement dans toute sa vie. D'où la méthode de capture-marquage-recapture pratiquée ce matin. *« Que l'on rencontre un criquet déjà marqué ou un nouvel individu, cela alimente une base de données qui, une fois analysée, nous renseigne sur l'état de la population. Il faut juste recommencer suffisamment de fois pour avoir des statistiques solides »*, explique la chercheuse, GPS à la main. Aux dernières nouvelles, les effectifs croissent légèrement depuis 2015, avec des hauts et des bas. Et 2024 ne semble pas un bon cru.
À 12 h 28, c'est au tour de Cynthia Gidoin, cheffe de projet scientifique au CEN PACA, d'exprimer sa joie. *« C'est un mâle. Ce sera le n° 28, c'est ça ? »*, vérifie la scientifique avant d'écrire le chiffre sur l'orthoptère. Un nouveau mâle se montrera encore vingt minutes plus tard. Trois criquets en trois heures, voilà qui en découragerait plus d'un. C'est pourtant un bon résultat pour ce cinquième passage du printemps. *« Le protocole prévoit 16 prospections de ce type sur une période assez courte. Mais entre la météo – le vent surtout – et les autres missions qui occupent l'équipe, ce n'est pas facile à organiser »*, confie Camilla Crifò.

JEAN-PHILIPPE PAUL (X2)

Une fois marqué, le criquet de Crau retrouve son habitat qui le dissimule à merveille.

Un renfort bienvenu

L'après-midi, des volontaires, des experts et le personnel de la réserve naturelle rejoignent l'équipe sur une autre parcelle *(> photo p. 41)*. Il s'agit cette fois de trouver des criquets pour les déplacer sur un site de réintroduction d'où ils ont disparu. Le programme *LIFE* prévoit en effet de renforcer la population par cette méthode, car les chances de recolonisation naturelle par cet insecte si peu mobile sont quasi nulles. L'autre levier est l'élevage. Ce pari est expérimenté et optimisé depuis 2015, notamment au parc animalier voisin de la Barben, vers Salon-de-Provence, à l'insectarium de la Citadelle de Besançon (Doubs) et au domicile de Cathy Gibault, vétérinaire coordinatrice de l'élevage de l'espèce.

1919
C'est l'année où la surveillance approfondie des invasions exceptionnelles de criquets marocains dans le sud de la France a permis la découverte et la description scientifique du criquet de Crau.

L'année 2024 inaugure ce projet de réintroduction qui sera évalué en 2027. Courant juin, 60 insectes adultes vont rejoindre le site choisi au centre de la plaine : 50 spécimens sauvages prélevés ailleurs et dix nés en captivité en 2023. À cela s'ajoute l'introduction de 30 oothèques – coques contenant des œufs – d'origine captive. Ces pontes sont placées en milieu naturel, dans des exclos protégés du pâturage et des prédateurs.

Moins de place, plus de becs

Mais qu'est-ce qui menace ce criquet, au juste ? Sans surprise, le morcellement de son habitat d'origine. Située dans un secteur très peuplé, touristique et proche de ports industriels, la plaine est convoitée : zones industrielles, autoroutes, arboriculture, urbanisation, transport d'énergie... Les 7 411 ha de réserve naturelle servent de refuge à une biodiversité exceptionnelle, dont l'habitat, né d'un delta fossile de la Durance, couvrait à l'origine 50 000 ha. Une extension de plus de 3 000 ha pourrait protéger les derniers coussouls restants, mais le projet doit d'abord surmonter les freins politiques et administratifs.

Parmi les autres dangers qui guettent *Prionotropis rhodanica*, les chercheurs creusent la piste de pesticides issus des nombreux vergers intensifs quadrillant la Crau. Plus surprenante, la prédation par d'autres habitants des lieux a été identifiée comme aggravante. À commencer par celle des garde-bœufs, ces hérons insectivores tropicaux d'apparition récente et en expansion qui parcourent inlassablement les prairies sèches avec les troupeaux. Ils capturent tout ce qui fuit le pas des ovins et le charnu criquet est à coup sûr une proie facile. Le faucon crécerellette est aussi pointé du doigt. Ironie du sort, le rapace a bénéficié lui aussi d'un programme de translocation en Crau il y a quelques décennies. Et comme il se porte bien, les conservateurs ont collégialement décidé de démanteler les nichoirs du faucon à proximité des sites à criquets... Ou quand la gestion des espaces naturels ressemble à un exercice d'équilibriste...

DAVID GENOUD

ET AILLEURS...

Vachement bien

Dans les Landes de Gascogne, on réintroduit aussi des insectes : les bousiers *Scarabaeus laticollis*. L'objectif est que ces disperseurs de matière organique qui avaient disparu en même temps que les vaches marines landaises renouent l'association qui les liait aux bovins de retour dans les marais. Retrouvez notre article :

> bit.ly/BousierSalam

Scientifiques, gestionnaires et volontaires unissent leurs forces pour capturer des criquets de Crau adultes afin de les déplacer sur un autre site.

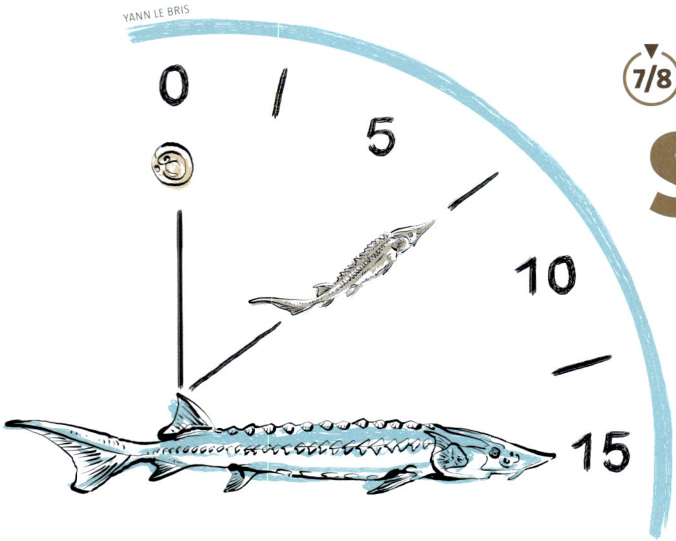

7/8 FOCUS Esturgeon européen

Science et patience

L'esturgeon européen doit vivre une quinzaine d'années avant de se reproduire. Sauver ce poisson au bord de l'extinction est une mission de longue haleine. Chronique.

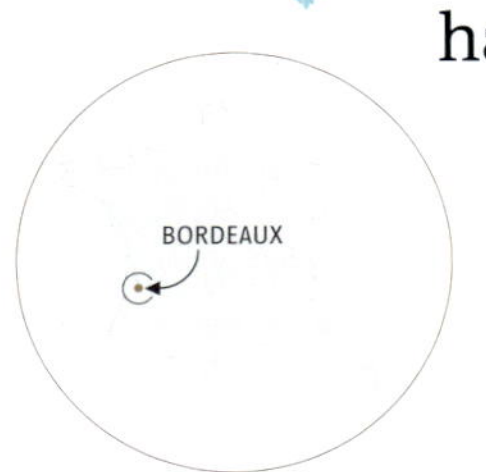

VLADIMIR WRANGEL / STOCK.ADOBE.COM

1920

Les travaux scientifiques alertent sur la raréfaction de *Acipenser sturio*, **cette espèce ayant déjà disparu** de la plupart des grands fleuves lors des périodes préindustrielles et industrielles *(> cartes p. 43)*.

1950

Constatant une nette réduction des captures de cette espèce à fort intérêt halieutique, les pêcheurs tirent la sonnette d'alarme quant au **risque d'extinction** de ce poisson en Gironde.

1980

Des travaux de recherche permettent de tester des méthodes de **reproduction assistée** en tirant parti de captures accidentelles de spécimens en milieu naturel.

1982

Protection légale de l'espèce en France (il faudra attendre 1998 à l'échelle de l'Europe).

2024

15 000 alevins obtenus en captivité et relâchés en septembre-octobre. **Un chiffre en dessous des 200 000 espérés**. Les raisons de ce constat sont en cours d'analyse avec des partenaires polonais et allemands qui rencontrent des difficultés similaires avec l'esturgeon atlantique.

2024

Observations d'individus de 2 m de long dans l'estuaire de la Gironde, probablement issus des lâchers de 2007-2009. Une survie encourageante.

Évolution de la répartition de l'esturgeon européen entre 1850 et 2018.

Le dernier spécimen suisse a été signalé sur le Rhin en 1854. Après des décennies de surpêche, d'artificialisation des fleuves et de pollutions diverses, le dernier bassin de reproduction connu est celui de la Gironde – fleuve Garonne et rivière Dordogne –, où l'espèce bénéficie d'un plan national d'actions.

1850 | **2018**

REDESSINÉ D'APRÈS MIGADO, INRAE ET CNPMEM 2020

1994

Dernière reproduction naturelle connue de l'esturgeon européen dans le bassin versant Gironde-Dordogne-Garonne.

1993

Construction de l'*Esturial*, navire spécialement **conçu pour l'étude et la conservation** de l'esturgeon européen.

300 kg

C'est le poids atteint par l'esturgeon européen, pour une longueur de 3,90 m. Des mensurations permises par une longévité pouvant dépasser 50 ans.

2007

Première reproduction assistée à partir de spécimens nés dans le milieu naturel puis conservés en captivité. Un succès renouvelé chaque année de 2008 à 2014 (sauf 2010).

2012

L'**association MIGADO** prend la suite des opérations d'élevage et de reproduction assistée en succédant à l'Institut national de recherche pour l'agriculture, l'alimentation et l'environnement (INRAE).

2022

Première reproduction réussie par des **géniteurs eux-mêmes nés en captivité**. Les précédentes étaient jusqu'ici issues des esturgeons sauvages détenus en captivité.

L'esturgeon européen vit successivement dans les eaux douces, où il naît puis revient se reproduire, et dans les eaux saumâtres des estuaires, où il passe ses trois à sept premières années. Puis, ce poisson prodigieux à bien des égards migre en mer, où il acquiert sa maturité sexuelle – à 10-12 ans pour les mâles et 13-16 ans pour les femelles.

ET AILLEURS…

Défi majeur

L'esturgeon de l'Adriatique *(Acipenser naccarii)* fait l'objet d'un projet italien de réintroduction dans la rivière italo-suisse Ticino, en aval du lac Majeur. L'espèce pourrait alors potentiellement remonter cet affluent du Pô et coloniser le lac frontalier. Tout dépendra de l'amélioration de la porosité des obstacles présents sur ce cours d'eau qui constitue une importante source d'hydroélectricité.

> bit.ly/AtlasPoissons

FRANCO BANFI / BIOSPHOTO

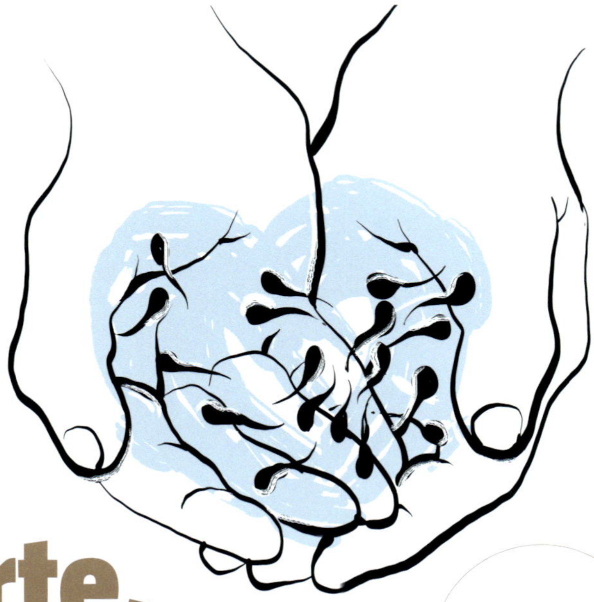

8/8 **FOCUS** Rainette verte

La belle verte, le retour

L'opération avait fonctionné aux Pays-Bas, puis en Flandre belge... Au tour de la Wallonie de retrouver la rainette arboricole ! Le point avec l'initiateur du projet, Charles Carels.

Charles Carels
Membre du groupe de travail *Rainettes*, au pôle herpétologique Raînne de Natagora.
> rainne.natagora.be

La rainette arboricole – ou verte – fait partie des hylidés, une famille d'amphibiens différente des grenouilles *vraies*, les ranidés, comme la grenouille rousse. *Hyla arborea* est présente en Suisse et dans une large moitié nord de la France, pays où elle est remplacée par la rainette méridionale dans le Sud-Ouest et le Midi.

H. JASCHHOF / IMAGEBROKER

Comment est né ce projet dont vous êtes le moteur ?
La rainette avait disparu de Wallonie il y a plus de trente ans. Comme sa réintroduction a été un succès à la fin du XXe siècle en Flandre voisine, nous nous sommes inspirés de cet exemple.

Les conditions étaient-elles réunies ?
Sur les quatre sites sélectionnés, oui. En partenariat avec des réserves, des agriculteurs ou encore des terrains militaires, les habitats ont été analysés et améliorés afin de répondre aux exigences de l'espèce. À savoir la présence de mares, dépourvues de poissons, et un environnement riche en prairies humides non fauchées, avec des haies et une végétation fournie. Nous avons d'ailleurs été récompensés de nos efforts avec la première reproduction notée ce printemps !

Excellente nouvelle, racontez-nous !
C'est le signe du succès de la réintroduction de toutes jeunes rainettes en 2022, première année du projet. Les mâles, matures à l'âge de 1 an, ont chanté dès 2023. Les femelles, qui peuvent se reproduire à 2 ans, sont arrivées à maturité ce printemps. Résultat, nous avons observé des accouplements, des pontes, des têtards ou des jeunes de l'année sur les quatre sites ! L'un d'eux abritait même un chœur de 100 mâles chanteurs.

1000
Nombre d'œufs qui peuvent être pondus par une femelle de rainette verte, par petits paquets de quelques dizaines fixés à la végétation aquatique. Leur chance de survie est favorisée par l'absence de prédateurs comme les poissons. Raison pour laquelle cette espèce pionnière colonise des mares temporaires, des fossés inondés ou des points d'eau agricoles.

D'où venaient les jeunes rainettes relâchées dans la nature en 2022 ?
De pontes prélevées dans la province flamande de Limbourg. Justement là où les populations réintroduites il y a quelques décennies sont aujourd'hui florissantes. Les œufs ont été accueillis dans divers lieux comme l'Aquarium-Muséum de Liège, mais aussi chez des particuliers.

Des particuliers ?
Oui ! Après sélection des candidatures, des volontaires ont pu accueillir en aquarium les précieuses pontes. Avec des consignes sanitaires strictes et une assiduité quotidienne dans le renouvellement d'eau et le nourrissage, le succès d'éclosion puis de survie est bien meilleur qu'en milieu naturel. Une fois métamorphosées et disposées à entrer en phase terrestre, les jeunes *grenouilles* intègrent un terrarium. Enfin vient le moment du lâcher.

Quel privilège pour les éleveurs amateurs...
Bien sûr, c'est un grand moment d'émotion pour les familles. Il faut voir les enfants, la larme à l'œil, lâcher *leurs* bébés rainettes *(> photo ci-dessous)* ! C'est aussi ça le but de ce projet, bénéficier de l'image sympathique de la rainette pour sensibiliser la population et les acteurs à la nature, à l'intérêt des mares et de la biodiversité qui y vit. C'est bien plus que faire revenir une espèce en Wallonie !

MATHIEU GILLET

ET AILLEURS...

Pas son heure

Le sonneur à ventre jaune a échappé à l'extinction en Normandie. Grâce à une réintroduction réussie après élevage en captivité, le petit crapaud brun, noir et jaune a vu sa population grimper de 80 à plus de 1100 individus entre 2019 et 2023. Un projet porté par l'Union régionale des centres permanents d'initiatives pour l'environnement et l'observatoire batracho-herpétologique normand.

> bit.ly/SonneurNormand

INGO ARNDT / NATUREPL.FR

Aller plus loin

Tel un bestiaire des déplacés, voici un florilège de sources et références qui ont nourri ce dossier. De quoi prendre encore plus la mesure de ce remue-ménage du vivant !

1/8

Mieux connaître le parc naturel régional des Ballons des Vosges
> parc-ballons-vosges.fr/s

Quand des scientifiques s'opposent au projet (Reporterre)
> bit.ly/ReporterreTetras

2/8

La Minute nature n° 202 *La fleur du Grand Nord*
> salamandre.org/article/fleur-grand-nord-saxifrage/

Bilan 2023 de la réintroduction
> bit.ly/saxi2023

3/8

Documentaire vidéo sur la mulette perlière (18 min)
> bit.ly/Mulette29

Bretagne Vivante prend soin de la mulette perlière
> bit.ly/BretagneMulette

4/8

L'association Sauvegarde faune sauvage reproduit le hamster en captivité
> bit.ly/HamsterSFS

Le plan national d'actions hamster
> bit.ly/PNAHamster

5/8

Documentaire *Le Retour du balbuzard* sur la réintroduction en Suisse
> bit.ly/RetourBalbu

Le site officiel du projet
> balbuzards.ch

6/8

Le site du *LIFE SOS Criquet de Crau*
> lifecriquetdecrau.com

Reportage France 3 sur le criquet de Crau
> bit.ly/France3Criquet

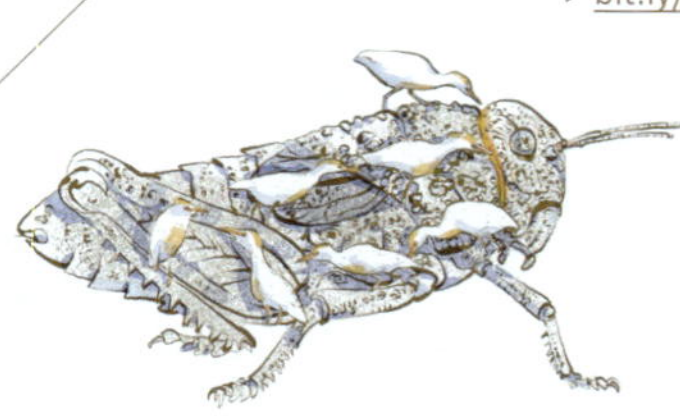

7/8

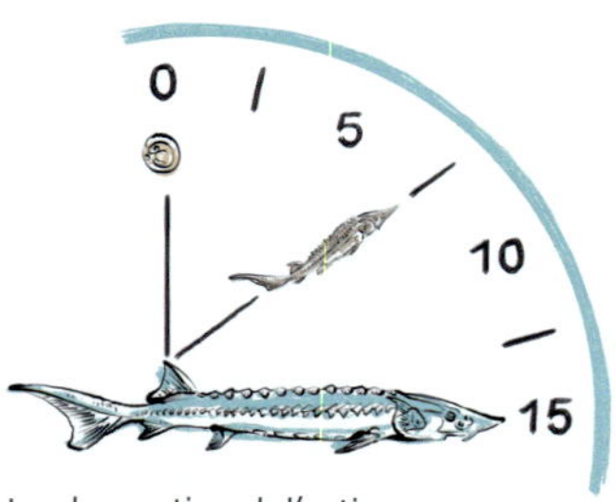

Le plan national d'actions en faveur de l'esturgeon
> bit.ly/EsturgeonPNA

En vidéo…
> bit.ly/VideoEsturgeon

8/8

Le projet *Rainettes* de l'association Natagora
> rainne.natagora.be

Reportage RTBF sur la rainette en Wallonie
> bit.ly/RainetteRTBF

ILLUSTRATIONS : YANN LE BRIS

ET + ENCORE

À lire

À rebours

Dans cet essai visionnaire, François Terrasson livre une vision radicale des relations humain-nature. Pour lui, on confond protection et assujettissement par peur de l'imprévu. Détruire ou maîtriser le sauvage, est-ce la seule alternative ? Chaque projet d'élevage en captivité, de réintroduction ou de déplacement d'espèce est un jour ou l'autre confronté à cette question.

En finir avec la nature
F. Terrasson, éd. Sang de la Terre, 2019, 320 p.

À consulter

FRÉDÉRIC DESMETTE / BIOSPHOTO

À qui profite... ?

Retour du sauvage : quels services écosystémiques et sociétaux ? L'exemple des vautours dans le Vercors et les Baronnies provencales par la Fondation pour la recherche sur la biodiversité.

> bit.ly/ServicesVautours

À relire

Sélection de quatre de nos dossiers sur des espèces réintroduites.
> salamandre.org

Ours, le temps du rêve
Revue Salamandre n° 255

La Gypaète Connection
Revue Salamandre n° 249

Les deux cigognes
Revue Salamandre n° 233

Le funambule des crêtes
Revue Salamandre n° 225

Impressions nature

Originaire de Montpellier et résidant au cœur de la Bourgogne, l'artisane plasticienne Julie Laforêt vit son art textile avec cohérence et engagement, dans le respect des cycles du vivant.

TEINTURES **JULIE LAFORÊT** PHOTOS **STUDIO GUÉRIN AUTUN** COORDINATION **JEAN-PHILIPPE PAUL**

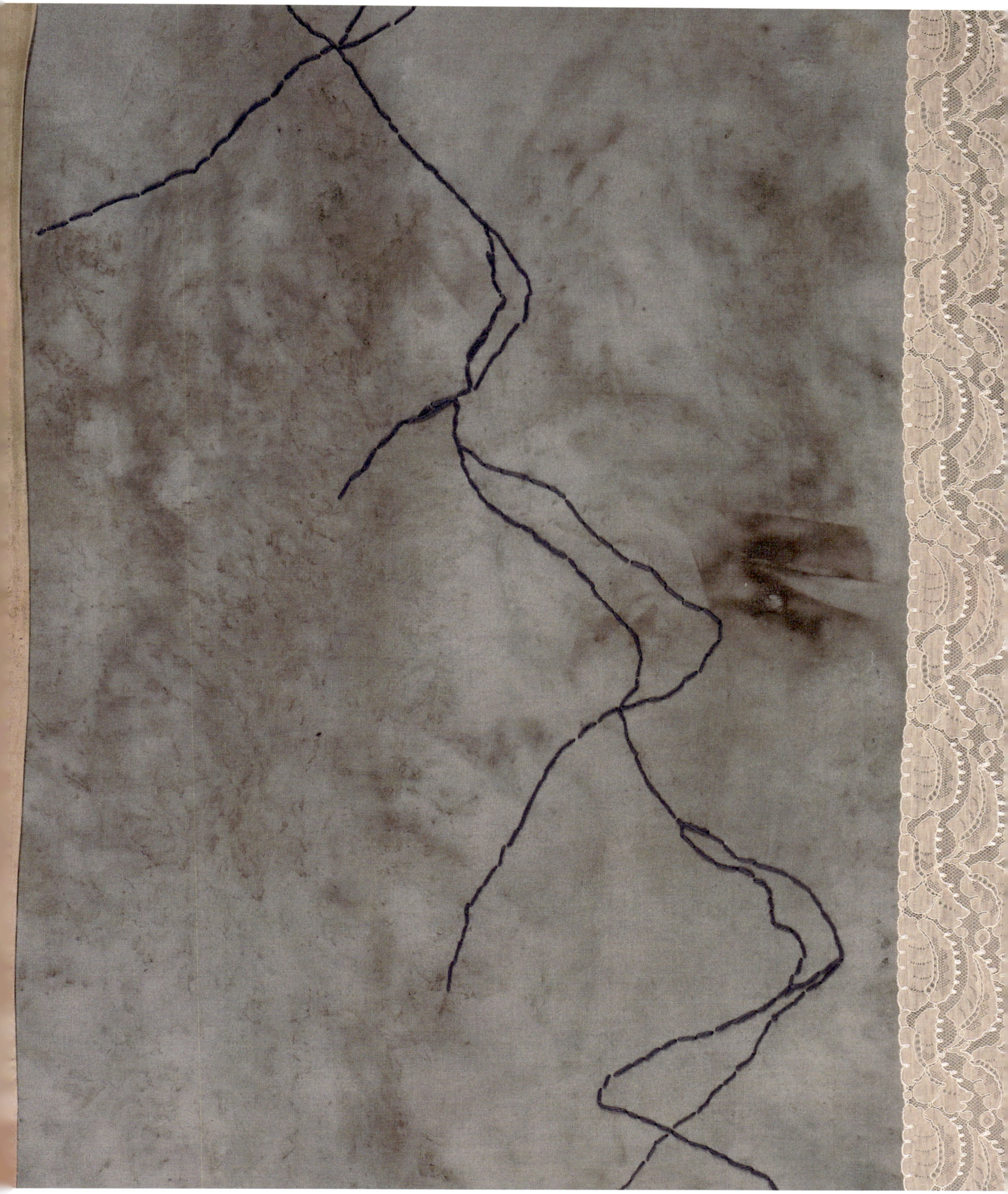

Forêt sage
Teinture végétale d'armoise et d'aubépine notamment, encre de mûre, blanc de Meudon, empreintes de feuilles de charme, broderie - 60 x 80 cm

Douceur automnale
Teinture végétale de mûre, impression végétale de vigne - 80 x 106 cm

Union intemporelle
Teinture végétale de mûre, impression de fougère et châtaignier - diamètre 25 cm

Forêt primaire
Teinture végétale de mûre, impression de jeune érable - diamètre 60 cm

Forêt vivante
Teinture et impression de sapin - 40 x 50 cm

« Je vis avec ma famille au cœur de la forêt du Morvan, en Bourgogne. Je parcours cet espace naturel où je récolte au fil des saisons des matériaux organiques : lichens, feuilles, branches, minéraux, terre, fleurs… Ensuite, je les dénature en les transformant et en les rassemblant pour leur donner une nouvelle forme sur des tissus de seconde main. Mon processus artistique est inspiré des cycles du monde vivant et du sentiment d'éternité de la vie et de sa puissance. Je m'attache à pratiquer un art naturaliste engagé en réalisant des empreintes végétales, des peintures et teintures naturelles, de la broderie ou encore du tissage. Chaque œuvre est biosourcée, écoconçue et biodégradable, en adéquation avec ma propre façon d'habiter la Terre.

Julie Laforêt
Artiste plasticienne textile, autrice du livre *Tataki zomé*, technique d'impression végétale inspirée du Japon.
> sagesse-de-la-foret.com

Ancestralité 1
Teinture végétale de genêt et armoise, impression de sapin - 115 x 100 cm

DAVID MELBECK

Les dessous du géotrupe

Un agréable parfum d'humus se diffuse dans le sous-bois. Le moment est idéal pour rencontrer le fameux bousier* commun, inlassable éboueur de nos litières forestières.

PAR **DAVID MELBECK** redaction@salamandre.org

* Fouisseurs

Parmi les coléoptères, un groupe détonne : les scarabées coprophages, dits ***bousiers**, qui se nourrissent d'excréments et de matière organique en décomposition. Ne faites pas cette tête ! Imaginez un monde sans eux, où crottes et bouses, au lieu d'être enfouies et recyclées, ne feraient que s'entasser… Leur rôle est donc essentiel. Chez nous, l'un des plus communs est le géotrupe des bois. Contrairement à son célèbre cousin méditerranéen le scarabée sacré, ce joli bousier au ventre bleu métallique ne promène pas de bille de crottin. Il creuse discrètement sous les déjections un réseau de galeries reliées à des chambres larvaires qu'il garnit d'excréments pour sa descendance. D'ailleurs, *géotrupe* provient du grec *géo* (« terre ») et *trupân* (« percer »).

Quand ?

Après une année passée dans son terrier, la larve se nymphose et un imago, c'est-à-dire un adulte parfaitement développé, émerge lors de la **saison estivale.** Il est alors adepte des sorties crépusculaires pour éviter la chaleur et la sécheresse. Mais un peu avant le mois d'octobre, le géotrupe se décide enfin à profiter de la **fraîcheur automnale en pleine journée.** Il sera particulièrement facile à observer jusqu'aux premiers frimas.

Bien qu'une balade **en matinée** soit sans doute plus favorable, le géotrupe peut se rencontrer **à tout moment de la journée.**

Beaucoup sont très actifs après une averse, quand les températures sont douces. Mais, en dehors des périodes de gel, la météo importe peu du moment que l'ambiance est **suffisamment humide.**

Où ?

Le géotrupe apprécie les forêts, en particulier fraîches ou humides. Vous le croiserez souvent sur les chemins forestiers ou parcourant la litière de feuilles mortes. Il peut former de petits attroupements sous les excréments divers ou les champignons, tels les vieux cèpes ou les satyres puants, voire les cadavres de limaces ou autres petits animaux.

Matériel

Une simple loupe à main et un petit pot transparent, ou une boîte-loupe, suffisent pour admirer détails et critères d'identification. Une pince en bambou type *à sushi* permet de le manipuler sans y mettre les doigts. Approchez le géotrupe de votre oreille pour percevoir le léger crissement de désapprobation qu'il émet. Étonnant !

12

Ce scarabée massif et blindé de 12 à 20 mm de longueur et de moins de 1 g, entre dans la catégorie poids lourd chez les insectes. Mais il est loin du record du goliath *(Goliathus goliatus)* qui mesure près de 11 cm pour un poids de 100 g. Ce coléoptère d'Afrique équatoriale est considéré comme l'insecte le plus lourd de notre planète.

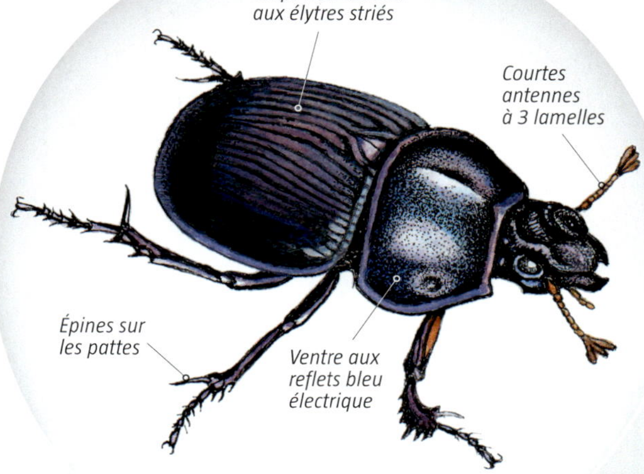

Géotrupe des bois
Anoplotrupes stercorosus

ILLUSTRATIONS : GAETAN DU CHATENET

Règle d'or

Ces coléoptères passant leur vie en contact avec de la matière en putréfaction, mieux vaut porter des gants ou se laver les mains avec un gel hydroalcoolique après manipulation.

La bonne idée

Les crottins et bouses des animaux domestiques traités aux antibiotiques et aux antiparasitaires provoquent la diminution des populations de bousiers. N'hésitez pas à sensibiliser les propriétaires en leur conseillant d'éviter les balades à cheval dans les espaces naturels peu après un traitement.

Le défi

Les différentes espèces de géotrupidés – 16 en France, dix en Suisse et huit en Belgique – ne sont pas évidentes à différencier, mais apprenez à les distinguer d'autres coléoptères.

Carabe violet
Carabus violaceus

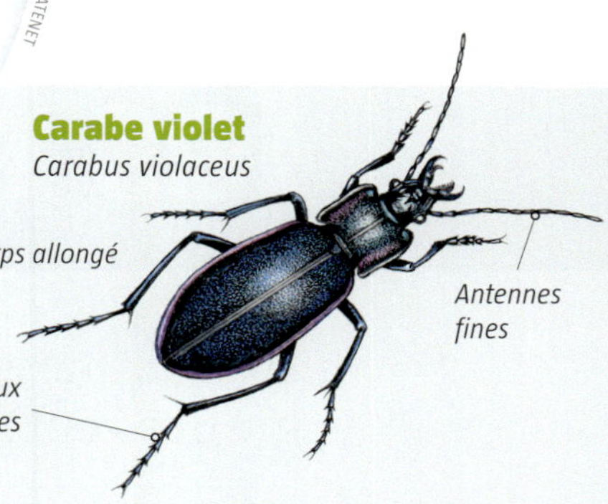

Silphe obscur
Silpha obscura

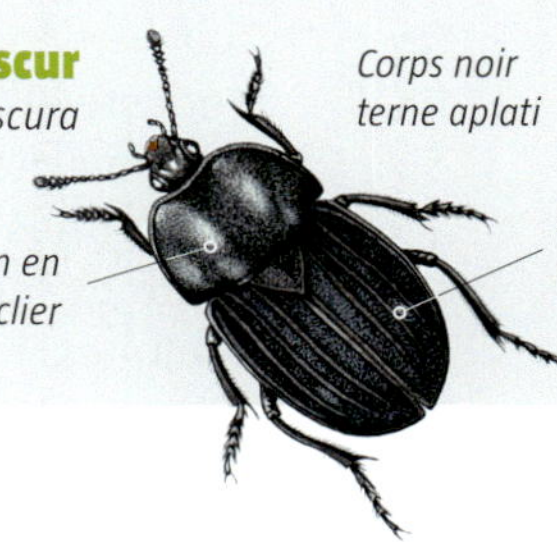

Aller plus loin

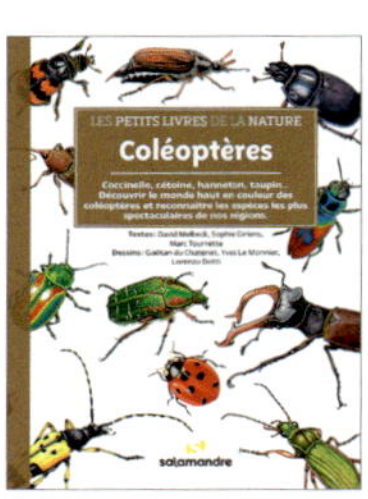

Les petits livres de la nature - Coléoptères
Partez à la découverte des coléoptères les plus emblématiques et spectaculaires de nos régions.
Collectif, Éd. Salamandre, 76 p.
> bit.ly/PetitLivreColéo

Guide des plus beaux coléoptères
Pour identifier les espèces les plus remarquables de France et des pays limitrophes.
D. Martiré & F. Merlier, Éd. Belin, 368 p.
> bit.ly/BeauxColéos

The Caretakers
Voyage dans la vie étrange, merveilleuse et étonnante des coléoptères.
T. Hanner, 21 min
> salamandre.tv/ the-caretakers

Savourer les fruits du hasard

L'incontournable noisetier vous régalera de ses fruits, nés d'une union au gré des vents et transformés en gourmande pâte à tartiner.

TEXTES ET DESSINS **LUCAS MICHELOT** PHOTO **CATHY BERNOT** redaction@salamandre.org

Modeste et généreux, tel est notre voisin le noisetier. Vous prévoyez une randonnée automnale ? Une de ses tiges bien droites fera un bâton de marche solide et léger. Vous vous initiez à la vannerie ? Quelques jeunes rameaux vous donneront des éclisses idéales pour tresser un panier à champignons. Votre poêle réclame sa ration de combustible ? Un petit fagot de ses brindilles fera un excellent allume-feu. Et bien sûr, rien de mieux que quelques noisettes cueillies sur l'arbre en cas de petite fringale ! Riches et savoureux, ces fruits oléagineux se prêtent à mille recettes gourmandes. Et comme nous allons le voir, les plus simples sont parfois les meilleures !

Mais, aussi sympathique que soit celui que l'on nomme également *coudrier*, beaucoup d'entre nous l'ont dans le nez. En cause, sa manie de fêter la fin de l'hiver en déversant dans l'air un pollen très allergisant. Et en plus, l'arbuste met le paquet. Un seul chaton peut contenir près de 4 millions de ces grains microscopiques ! Vous trouvez cela un brin excessif ? Peut-être, mais la démesure est de mise quand on confie au vent le soin de sa reproduction. Contrairement aux insectes pollinisateurs, Éole disperse la précieuse semence au petit bonheur la chance. Alors, pour être certain que ses fleurs femelles soient bien fécondées, le noisetier s'empresse de produire un véritable nuage de poudre d'or avant que n'apparaissent les feuilles. L'avantage de cette méthode, c'est que l'arbuste n'a pas besoin d'investir dans de coûteuses inflorescences tape-à-l'œil ni dans un nectar hors de prix pour attirer les entremetteurs à six pattes. Quelques grappes de chatons minimalistes, des pistils tout nus... et sept mois après ce mariage un peu radin, il ne reste plus qu'à en cueillir les fruits généreux !

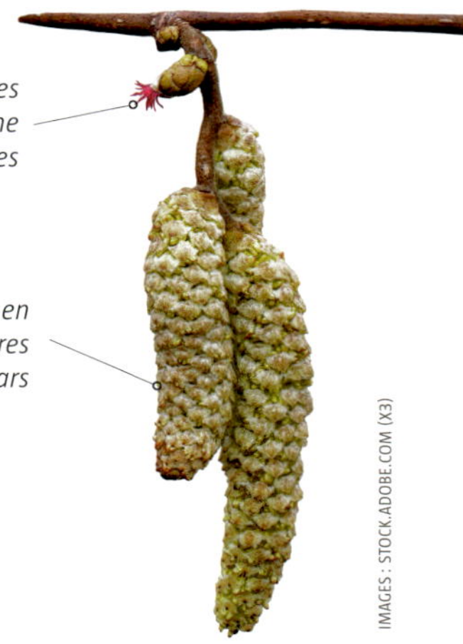

Noisetier

Corylus avellana

Habitat
Forêts claires, lisières, haies

Répartition
Toute la France, la Suisse et la Belgique, sauf en haute-montagne. Plus rare en région méditerranéenne.

Récolte
mi-août à octobre

Parties utilisées
Fruits

Tartinoisette

INGRÉDIENTS (pour un bocal de 250 g)

175 g de noisettes sans coques
75 g de miel liquide
2 pincées de sel

PRÉPARATION

① **Faites griller les noisettes** à feu moyen dans une poêle en les remuant constamment jusqu'à ce qu'elles commencent à roussir, puis laissez-les refroidir complètement.

② **Mixez** les noisettes jusqu'à ce qu'elles forment une pâte grasse, la moins grumeleuse possible (l'opération peut prendre un certain temps).

③ **Ajoutez le miel et le sel, puis mixez à nouveau** jusqu'à obtenir un mélange homogène. Si vous souhaitez une texture plus onctueuse, vous pouvez ajouter un peu d'eau à ce stade, mais il faudra alors conserver la pâte au réfrigérateur et la manger rapidement.

CONSERVATION

Sans eau, la pâte se conserve plusieurs mois en bocal à température ambiante et peut être délayée au fur et à mesure.

Pour une cueillette respectueuse de la nature et de votre santé, pensez à suivre ces dix conseils :
> bit.ly/10-conseils-cueillette

Courrier désirable

Partagez vos moments nature, avis ou questions sur nos réseaux sociaux, par e-mail ou par courrier postal.

@revue.la.salamandre
@salamandre_officiel
courrier@salamandre.org

ERRATUM

Stupéfiant

Je dévore la *Salamandre* avec une gourmandise chaque fois renouvelée, tant cette revue apporte une note d'espoir pour un monde meilleur, sans pour autant occulter les dégâts que notre société fait subir au vivant. J'ai cependant relevé une petite erreur dans le dossier sur les graines. Il est écrit p. 39 que l'opium est tiré des graines de *Papaver somniferum*. En fait, il est produit à partir du latex de la capsule défleurie que l'on incise. Les graines de pavot quant à elles ne contiennent que très peu voire pas d'alcaloïdes et servent à produire l'huile d'œillette, ou sont utilisées en pâtisserie pour créer de délicieux gâteaux.

Michel Trottereau, Béthines (Vienne)

DANIEL PRUDEK / STOCK.ADOBE.COM

Merci à vous ainsi qu'à Thierry Hachin (Cabrières, Hérault) qui a également repéré l'erreur. On vous l'assure, nous n'étions pas sous l'emprise de psychotropes au moment d'écrire ces lignes. Une faute d'inattention durant la prise de notes est vite arrivée et encore plus vite regrettée... La rédaction s'est consolée avec un savoureux dessert au pavot. Graines inoffensives, mais stupéfiantes !

Sacré sauvetage !

Juillet 2024, Lausanne (Suisse). Il était une fois, en plein cœur d'une cité, non pas un mais deux sauvetages de faucons crécerelles... Une histoire vraie qui doit sa belle fin et ses images à deux citadins venu témoigner.

MARIANNA DI ROCCO

ÉPISODE 1 Olivier Racine et Marianna Di Rocco s'apprêtent à regarder ensemble un match de l'Euro lorsqu'ils apprennent qu'un faucon crécerelle est prisonnier dans une cave depuis deux jours. Ils savent que ce mâle s'occupe d'une nichée de quatre petits sur le rebord de fenêtre d'un immeuble voisin. Sachant que les parents se relaient pour chasser et protéger la progéniture, son absence est risquée.

OLIVIER RACINE (X2)

Sacrifiant leurs plans festifs, les Lausannois vérifient l'état des poussins : pelotonnés derrière un volet, ils sont saufs, mais seuls. *« Les services de la faune et de la police étant débordés, j'ai démonté seul la grille du soupirail avec un pied de biche*, confie Olivier [une opération délicate à ne pas reproduire], *l'adulte libéré a rejoint les siens. Le lendemain, la Station ornithologique suisse est venue baguer les poussins pour suivre leurs déplacements. »*

OLIVIER RACINE

Retrouvez toute la saga de sauvetage de la famille faucons en ligne, avec des vidéos et plus de photos :
> bit.ly/SauvetageFaucons284

ÉPISODE 2 Quelques jours après, les jeunes ont bien grandi. Le plus téméraire fait son baptême de l'air. Mais il se coince alors sur une vire d'immeuble hérissée de pics anti-pigeons. Sous les yeux d'Olivier Racine, il se montre en difficulté. Les pompiers sont avertis et interviennent dans les minutes qui suivent. En rappel à 20 m de haut et équipés d'un filet, les professionnels repêchent l'oiseau et le placent en lieu sûr.

OLIVIER RACINE

ÉPILOGUE Le lendemain, Olivier découvre avec stupéfaction une jeune crécerelle sur le rebord de sa fenêtre. Le rapace avait pourtant le choix parmi plus de 100 perchoirs similaires à la ronde. *« Il est resté plus de deux heures. On pourrait presque le voir comme un signe de remerciement, venant d'un oiseau sacré pour les Égyptiens. »*

OLIVIER RACINE

Des jours durant, le couple lausannois a le privilège d'assister aux scènes de famille, des premiers envols à l'apprentissage des jeunes. Une aubaine pour Marianna qui venait de s'offrir des cours de photo nature. Le faucon crécerelle s'est adapté au milieu urbain, mais sa nidification en plein centre-ville reste rare.

MARIANNA DI ROCCO

salamandre TV

Le film du mois

DÈS LE 3 DÉCEMBRE

Océans

Filer à 10 nœuds au cœur d'un banc de thons en chasse, accompagner les dauphins dans leurs folles cavalcades, nager avec le grand requin blanc épaule contre nageoire… Le film *Océans*, c'est être poisson parmi les poissons.

Un film de Jacques Perrin, Jacques Cluzaud | 104 min | 2009

NOS AMIS SAUVAGES
SAISON 5

6 nouveaux épisodes diffusés dès le 16 novembre 2024

Julien Perrot et Zoé Schellenberg vous emmènent à la rencontre du blaireau, du gypaète, des chauves-souris, des fourmis, du loup et de la cigogne.

Découvrez six nouveaux épisodes avec des images animalières spectaculaires, des rencontres avec des personnalités originales et inspirantes et des enjeux environnementaux forts. Avec en prime les images et témoignages partagés par les téléspectateurs.

> à visionner dès le 16 novembre à 18 h 45 sur RTS 1

et sur **salamandre.TV**

Boutique Salamandre

Les mille vies du castor

Collection Histoires d'images

Ce beau livre de la collection *Histoires d'images* vous plonge dans le monde fascinant du castor, le plus grand rongeur d'Europe. Les images saisissantes du photographe subaquatique Rémi Masson n'ont pas d'égal : rigoureusement réalisées en apnée, dans la nature sauvage et sans recours à des individus apprivoisés, elles montrent cet animal dans son élément comme on ne l'a jamais vu. Spécialistes de ce mammifère, Cécile Auberson et Christof Angst dévoilent des histoires savoureuses et des anecdotes insolites pour raconter le grand retour du castor et les mœurs de cet allié de la biodiversité.

- **Auteur·es : Rémi Masson (photographies), Cécile Auberson et Christof Angst (textes)**
- **Format : 24,8 x 24,8 cm, 160 pages**
- **Un livre Salamandre**

Prix TTC :
34 €

Extraordinaires oiseaux

Festival de plumes, becs et pattes de toutes les couleurs, chants mélodieux, parades amoureuses, vols vertigineux… Chez les oiseaux, tout appelle à la vie ! En alliant esthétisme et émerveillement, ce beau livre grand format dévoile les mystères et raconte les exploits des oiseaux d'Europe. Publié en partenariat avec la Station ornithologique suisse, *Extraordinaires oiseaux* est illustré par de magnifiques photographies et complété par des textes signés par des ornithologues expérimenté·es .

- **Ouvrage collectif coordonné par Alessandro Staehli**
- **Format : 29,8 x 29,8 cm, 264 pages**
- **Coédition : Salamandre - Station ornithologique suisse**

Prix TTC :
45 €

Une femme sauvage

Collection Marcher avec

L'histoire incroyable d'une jeune femme qui a vécu cachée dans la nature pendant plus de quinze ans, racontée par l'auteur de polars naturalistes Pascal Dessaint.

- **Auteur : Pascal Dessaint**
- **Format : 13 x 20 cm, 128 pages**
- **Un livre Salamandre**

Prix TTC :
19 €

Calendrier photo 2025

Découvrez la nouvelle édition haute en couleur du calendrier photo mural du photographe naturaliste Alessandro Staehli ! Grâce au grand format et au choix d'un élégant papier mat, les animaux sauvages de nos régions sont sublimés par ce bel objet.

- **Photographe : Alessandro Staehli**
- **Format : 42 x 29,7 cm, 14 pages**
- **Reliure en spirale et munie d'un crochet de suspension**

Prix TTC :
24,90 €